시노애락

시와 노래로 삶의 슬픔과 기쁨을 읽다

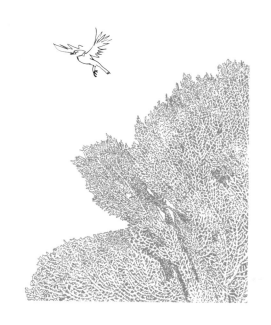

시노애락

설흔 씀

단비
danbi

이 책을 읽는 법

일찍이 나는 회사원이었다…….
버티기 힘든 피곤한 날엔 김기택의 시 「화석」을 떠올리곤
했다.

그는 언제나 그 책상 그 의자에 붙어 있다.
등을 잔뜩 구부리고 얼굴을 책상에 박고 있다.
(「화석」, 『사무원』, 창비)

노래를 찾는 사람들의 노래 「사계」를 읊조리는 건 자연스

럽다. '따스한 봄바람이 불고 또 불어도 미싱은 잘도 도네 돌아가네'로 끝나는 노래는 김기택의 시와 완벽한 쌍을 이룬다(고 생각한다).

시와 노래는 사람으로 확장된다. 다이스케와 윌이 일 순위다. 다이스케는 나쓰메 소세키의 소설 『그 후』, 윌은 영화 『어바웃 어 보이』의 주인공이다. 둘 다 백수인데 부모의 유산 내지 도움으로 풍족하게 산다. 스피노자와 박제가는 대척점에 선 이들이다. 『에티카』를 쓴 스피노자는 안경알을 깎으며 생계를 유지했고, 『북학의』를 쓴 규장각 검서 박제가는 수많은 책을 교정하다가 눈병을 앓았다. 무라카미 하루키가 쓴 단편 「패밀리 어페어」의 이름 없는 주인공도 빼놓을 수 없겠다. 한때 나는 이 소설을 무척 좋아했다. 주인공 또한 전자 제품 회사에 다녔기 때문이다.

시가가 불러온 감정과 인물들을 두서없이 적어 나간 기록의 모음이 바로 이 책이다.
처음엔 시와 노래에서 내가 좋아한 시구와 가사를 인용하고 감정과 인물들의 기록을 적었다. 교정을 보면서 시구와 가사를 삭제하고 제목만 남겼다. 상상을 제한한다는 느낌이 들어서였다. 어떤 이는 김기택의 시에서 '한 젊은 이가 사무실에 나타난다. 구둣소리 힘차다. 그의 옆으로 와 멈추더니 자리를 내놓으라고 한다'를, 노래를 찾는 사람들의 노래에서 '흰 눈이 온 세상에 소복소복 쌓이면 하얀 공장 하얀 불빛 새하얀 얼굴들'을 고를 수도 있겠다는 생각이 들어서였다. 그 선택에 따라 감정과 인물들은 또 달라질 것이며, 그렇다면 또 다른 글이 만들어질 테니.

미리 사죄한다. 시와 노래에 비교하면 글은 전혀 훌륭하지 않다. 조선 후기 문인 유만주의 고백으로 변명을 대신한다.

박지원 선생과 나 사이의 영묘하고 아둔한 차이가 이렇게 현격하다. 그 간격이 어찌 열 겹에 그칠 뿐이겠는가?

차 례

작가의 말 _005

1. 설움 _010

2. 벌레 _015

3. 의미 _021

4. 눈물 _025

5. 거울 _031

6. 만남 _036

7. 이름 _040

8. 밤 _048

9. 말 _053

10. 시선 _060

11. 요절 _065

12. 구운몽 _070

13. 빨래 _075

14. 가방 _080

15. 운명 _086

16. 용산 _091

17. 어둠 _096

18. 학교 _101

19. 소신 _109

20. 나무 _114

21. 진눈깨비 _119

22. 야구 _127

23. 출발 _135

24. 윤회매 _144

25. 불면 _153

26. 섬 _161

1. 설움

시 : 「거미」 김수영

노래 : 「모죽지랑가」 득오

생각지도 못했던 수모에 그저 고개 들어 하늘만 보았던 기억은 누구에게나 있을 것이다.

볕 좋은 아침이다. 희미한 눈으로 낭도들을 살피던 죽지 랑은 늘 곁을 지키던 득오의 부재를 문득 깨닫곤 그의 어머니를 불러 묻는다. "그대의 아들은 어디에 있습니까?"
여인을 통해 죽지랑은 득오가 모량리 부산성 창고 책임
자로 차출되었으며, 득오를 지명해 부른 이는 익선이라는
사실을 알아낸다. 모량리의 권력자이자 지방관인 익선이
모량리 출신 득오에게 부역을 시킨 건 적법한 일이기는 했
다. 어쩐지 마음이 개운치 않다. 죽지랑은 술과 떡을 가지
고 득오를 찾아가기로 한다.

익선은 부산성을 오르는 죽지랑의 모습을 분명히 보았을
것이다. 휘하의 낭도 137명과 하인들도 함께였으니. 익선
은 나타나지 않았고 죽지랑은 문지기를 통해 득오가 익선
의 밭에서 일한다는 정보를 얻는다. 죽지랑의 마음은 여
전히 개운치 않다. 창고 책임자가 어째서 개인 소유의 밭
에서 일하는 걸까?
 죽지랑은 밭으로 가 득오를 만났다. 술과 떡을 나누어 먹
으며 위로한다. 본연의 목적을 마쳤으니 이제 돌아가야
할 터, 그러나 내내 마음이 개운치 않았던 죽지랑은 익선
을 찾아 공손히 부탁한다. "득오가 몹시 지쳐 보이네. 사
나흘 휴가를 주면 어떻겠나?" 익선은 곧바로 대답한다.
"안 됩니다."

늑오의 대답을 들은 죽지랑은 화도 제대로 못 내고 그저 고개만 들어 하늘을 보았을 것이다. 익선이 반기지 않는다는 건 진작부터 알았다. 자신의 간절한 부탁마저 매정하게 거절하리라고는 차마 생각하지 못했다.

죽지랑의 무겁고 서글픈 마음을 이해하기 위해서는 그가 어떤 사람인지를 알아야 한다. 이름난 귀족 집안에서 태어난 죽지랑은 화랑이 되어 백제와 당나라와의 싸움에 모두 출전했으며 재상 또한 네 차례나 지냈다. 휘하의 낭도를 위문할 만큼 따뜻한 마음의 소유자이기도 했다. 신라를 위해 일생을 바쳤다고 말해도 과언이 아닌 전직 장군이자 재상의 간절한 부탁을 일개 지방관인 익선은 고려할 문제도 아니라는 듯 단 한마디로 거절해 버린 것이다. 익선을 욕할 필요는 없다. 익선의 거절은 시대의 모습을 대변한다. 전쟁이 끝난 평화의 시대에 칠십이 넘은 늙은 화랑은 쓸모라고는 전혀 없는, 솔직히 말하면 눈엣가시나 마찬가지였던 것.
수십 년간 곁에서 모셨던 대장군 죽지랑이 자신의 사나흘 휴가 때문에 수모를 당하는 모습을 그저 말없이 지켜볼 수밖에 없었던 중년의 득오는 무슨 생각을 했을까? 그는 속으로 노래를 불렀다.

지나간 봄은 돌아오지 못하고
이제 안 계시니 모두 소리 내어 운다
그 좋던 모습이
해가 갈수록 허물어진다

미남자로, 미륵의 화신으로 이름을 날렸던 죽지랑이었다. 젊고 아름다웠던 얼굴은 세월을 이기지 못해 허물어지고 부서졌다. 득오의 노래는 늙음에 대한 회한만은 아니었다. 득오는 젊은 날 함께 들판과 전장을 누볐던 화랑의 나날들을 추모하고 있는 셈이었다.

득오는 익선이나 시대를 원망하지는 않았다. 죽지랑과 나누었던 사십 년 우정도 이제 끝날 날이 머지않았다는 슬프고 냉정한 깨달음만 얻었을 뿐. 그러므로 우여곡절 끝에 득오가 휴가를 얻었고, 죽지랑이 당한 수모를 뒤늦게야 알게 된 임금이 익선에게 엄벌을 내렸다는 이후 스토리는 죽지랑과 득오 두 사람에게는 별로 중요한 일이 아니었다.

우리는 득오의 깨달음도 사실은 옳지 않았다는 것을 안다. 그들의 사십 년 우정은 끝나지 않았다. 득오가 부른 모죽지랑가의 슬프고도 아름다운 구절들은 그들의 우정이 천년 후에도 여전히 살아 있음을 증명하고 있다.

생각지도 못했던 수모, 그저 속으로만 설움을 삼키며 애꿎은 하늘만 보았던 기억은 누구에게나 있을 것이다.

2. 벌레

시 : 「기유가」(중국 전통 악곡)

노래 : 「벌레」 패닉

그레고르 잠자는 어느 날 아침 불안한 꿈에서 깨어났을 때,
자신이 한 마리 흉측한 해충으로 변해 있음을 발견했다.

너무 유명해서 이제는 평범하게 들리는 「변신」의 첫 문장
이다. 하룻밤 사이에 인간에서 벌레로, 가느다란 다리가

여러 개 달린 모양새 사나운 해충으로 변해 버린 그레고르 잠자는 어떻게 되었을까? 따로 설명은 하지 않겠다. 다시 인간으로 되돌아오는 꿈 같은 일은 없다는 사실 정도만 밝혀 둔다. 20세기 문학이 낳은 최고 스타답게 그레고르 잠자는 다른 소설 속에서도 곧잘 등장한다.

시간이 흐르면서 나는 센시니에 대해 더 많은 것을 알게 되었다. 그는 부인과 미란다라는 열일곱 살짜리 딸과 함께 마드리드의 아파트에 살고 있었다. 첫 번째 결혼에서 얻은 아들은 중남미 어딘가를 떠도는 중이었다. 적어도 센시니는 그렇게 믿고 싶어 하는 눈치였다.

『야만스러운 탐정들』로 세계적인 명성을 얻은 로베르토 볼라뇨의 소설 「센시니」에 바로 문제의 그레고르 잠자가 등장한다. 군부의 박해를 피해 스페인으로 망명한 아르헨티나 작가 센시니는 신문 기자로 일하다가 사라진 아들을 그리워하는데 그 아들 이름이 바로 그레고리오다. 아들을 향한 그리움을 이기지 못한 센시니는 아르헨티나로 돌아가 행방을 수소문한다. 신문 기자라는 직업과 그레고리오라는 이름에서 예견되었듯 센시니는 아들을 찾지 못하고 세상을 떠난다.

체코에 카프카가 있었다면 조선에는 이덕무가 있었다. 이덕무의 벌레는 미학자였다. 책 속에 살던 좀이 그 주인공으로, 공교롭게도 향기와 관련된 글자만 파먹었다. 이덕무는 미학적인 좀이 괘씸하기도 하고 궁금하기도 해서 이곳저곳 녀석을 찾아 헤매다 반나절 만에 발견하고 손으로 덮쳤더니…….

좀은 흐르는 물처럼 빠르게 도망가 버렸다. 단지 은빛 가루만 번쩍이며 종이에 떨어졌을 뿐!

이덕무는 박진감과는 거리가 멀었을 좀 추격전을 박지원 앞에서 재미 삼아 꺼내 들었던 모양이다. 얼마 후 박지원이 이덕무에게 다음과 같은 싱거운 수수께끼를 냈던 것을 보면.

귀와 눈은 바늘구멍을 닮았고, 입은 지렁이를 닮았고, 마음은 좁쌀만 한 벌레의 이름은 과연 무엇인가?

본 적도 없는 벌레의 형상. 거짓말할 줄 모르는 이덕무가 모르겠다고 솔직하게 고개를 저은 건 당연한 일. 박지원은 웃음을 꾹 참으며 섭구라고 대답했다. 이덕무는 킬킬 자조적으로 웃을 수밖에 없었다.

섭구의 섭囁은 말을 함부로 하지 않는다는 뜻이며, 구懼는 몸가짐을 조심한다는 뜻이다. 좋게 말하면 겸손하고 얌전하다는 의미이며, 나쁘게 말하면 사회성이 부족하며 어리숙하다는 의미이다. 물론 섭구는 인간 이덕무의 특징을 그대로 살린 가상의 벌레다. 졸지에 한 방을 먹은 이덕무는 한술 더 떴다. 그렇다면, 하고 존재하지도 않는 섭구의 생태기를 쓴 것이다.

색은 하얀데, 무수한 검은 점이 있다. 길이는 한 자가 못 되고 두께는 반 자쯤 된다……. 옛날에 이씨 성을 가진 사람이 있었는데 벌레가 몸을 감추는 게 자기와 비슷하다고 여겨 기르고 번식시켰다. 보고 듣고 말하는 게 둘이 잘 통했다.

이심전심이 따로 없다. 붓질 하나만으로도 즐겁게 논 두 사람이 참 부럽다. 이덕무와 박지원은 이른바 백탑파의 일원이다. 이 그룹에 속한 인간들은 전반적으로 벌레에게 애정을 느꼈던 모양이다. 그중 한 사람인 유금은 시집 제목을 『양환집』이라고 지었다. 양환의 양蠰은 말똥구리이며, 환丸은 말똥이다. 이 시집을 번역한 박희병 선생은 『말똥 구슬』이라는 멋진 제목을 붙였지만, 『말똥 시집』이다. 『말똥 시집』의 제목은 이덕무가 창안하고 박지원이 자기 것처럼 마구 빌려서 쓴 문장에서 나왔다.

말똥구리는 말똥을 사랑하므로 용의 여의주를 부러워하지 않는다. 용 또한 여의주가 있다는 이유로 말똥구리를 비웃지 않는 법이다.

유금은 서얼이었다. 말똥구리처럼 말똥 말곤 내세울 것 하나 없는 자신의 처지를 그야말로 교묘하게 비꼰 셈이다.

인간과 벌레의 공생은 태초부터였으므로 이야기도 많고 하고 싶은 말 또한 끝도 없다. 당 태종이 살아 있는 메뚜기를 삼킨 이유, 영조가 당 태종을 따르려다가 머뭇거린 이유, 영화 「밀양」의 원작 소설 제목이 「벌레 이야기」인 이유, 이적과 김진표가 아직 어렸을 때 만들었던 그룹 패닉의 노래 「벌레」에 진짜 벌레가 등장하지 않는 이유 등

등……. 하지만 이 글을 읽는 이들에게도 자신의 벌레 이야기가 있을 것이며, 궁금한 것을 스스로 해결한 능력과 권리 또한 있을 것이다…….

동서양 문학에서 내 마음대로 뽑은 벌레에 대한 글 한 편씩을 소개하는 선에서 이 자질구레한 논의를 마치고자 한다. 전자는 제발트가 쓴 『이민자들』의 한 구절이며, 후자는 중국 악곡 「기유가」의 한 구절이다.

눈앞의 온 세상이 어슴푸레하게 희미해지는 것 같더니 오래전에 잊은 줄 알았던 러시아 소년의 모습이 또렷하게 보였다. 그 여름날, 나비 채를 들고 들판을 뛰어다니던 그 소년이 행운의 사신처럼 내 눈앞에 나타나 마침내 맞이한 나의 해방을 기념하기 위해 수집 통에서 가장 멋진 멋쟁이류의 나비와 공작나비, 멧노랑나비, 쥐똥나무나비를 꺼내 하늘로 날려 보내는 것이 보이는 듯했다.

남아는 가련한 벌레
죽을 걱정을 품고 문을 나선다.
좁은 골짝에 주검이 버려져
백골을 거둬 줄 사람도 없이.

3. 의미

시 : 「꽃」 김춘수

노래 : 「한 사람」 양희은

스물일곱 경란은 생일이 가까워지자 방에 들어가 문을 잠
갔다. 밥을 거르고 물만을 마시면서 생일날이 오기만을
기다렸다. 해가 떴고 새 아침이 밝았다. 별다른 일은 없었
다. 바싹 야윈 거미가 벽을 점령했고 징그러운 귀뚜라미
는 아침부터 시끄럽게 울었다. 평범함은 종일 이어졌다.

해는 중천까지 올랐다가 서쪽으로 떨어졌고 날은 조금씩 밝아졌다가 빠르게 어두워졌다. 무심한 하루가 끝났을 때 경란은 깨달았다. 자신은 스물여덟, 스물아홉에도 계속 살아 있으리라는 사실을.

경란이 스물일곱에 죽기 원했던 건 난설헌을 흠모했기 때문이다. 『난설헌 시집』을 처음 읽었던 날, 명나라 여인 경란은 새 꿈을 꿨다. 난설헌처럼 시를 지으며 살고 죽기로. 난설헌의 자 경번을 따라 경란이라는 새 이름을 지었고 소설헌(작은 난설헌)이라는 호도 만들었다. 경란은 난설헌의 시를 바꿔 썼다. 난설헌이 '곧게 뻗어 나간 창가의 난초'라고 쓴 구절은 '아름답고 무성한 골짜기의 난초'로, '세상의 명공을 만나 베어 내고 다듬어진 거문고'는 '꿈 없는 깊은 밤 거문고를 타네'로 바뀌었다. 시를 따라 쓰는 건 위험한 일이다. 경란은 시를 통해 난설헌의 마음을 읽었고 자신과 난설헌은 영혼을 나눈 사이라고 믿었다. 난설헌이 스물일곱에 세상을 떠났으므로 자신도 그때 죽으리라 확신하게 되었던 것.

죽지 않은 경란은 자신의 평범한 삶과 난설헌의 비범했

던 삶을 비교해 보았다. 명문가의 딸로 태어난 난설헌은 천재 시인이었으며, 죽은 후에는 시집 한 권으로 명나라에까지 이름을 떨쳤다. 경란은 조선인 역관과 명나라 여인 사이에서 태어났으나 일찍이 부모를 잃고 외가에서 자랐다. 허름한 집에서 하루하루를 걱정하다 거미와 귀뚜라미처럼 외롭게 죽을 신세였다. 경란이 내뱉었다는 한마디 탄식이 가슴을 아프게 한다. "나는 참 평범한 사람이로구나."

경란을 생각하며 「블레이드 러너 2049」를 떠올린다. 복제인간 K는 사건을 수사하다가 자신이 사람과 복제인간 사이에 태어난 유일무이한 존재일지도 모른다는 희망을 품게 된다. 은밀하게 키워 나가던 희망이 '너는 네가 그 아이라고 생각했구나', 하는 비웃음에 의해 산산조각이 나던 순간 K가 지었던 그 막막한 표정을 좀처럼 잊을 수 없다.

경란을 생각하며 김춘수의 시 「꽃」을 떠올린다. 우리는 정말 다른 이의 기억에 영생불멸하는 아름다운 꽃일 수 있을까?

경란을 생각하며 김시습의 소설 「만복사저포기」를 떠올린다. 영혼의 짝을 꿈꾸었던 양생에게 다가온 건 이미 죽은 여인이었고 산 사람과 죽은 이의 인연은 이어질 수 없었다. 자신이 누군가에게 특별한 존재가 되었다고 믿었던 양생은 어떻게 되었을까?

부지소종不知所終.

어떻게 살다 죽었는지 모른다는 뜻이다. 경란의 마지막도 비슷했다. 집을 떠나 여도사가 되었다는 경란의 이후 삶은 아무도 모른다.

4. 눈물

시 : 「아무도 울지 않는 밤은 없다」 이면우

노래 : 「홀로 있는 사람들」 언니네 이발관

방 안에서 책장을 뒤적거리던 남자는 누군가가 이 서방, 이 서방, 하고 부르는 소리에 깜짝 놀라 방문을 열고 밖을 내다본다. 하인이 다른 하인을 부르는 것이었다. 이씨 성을 가진 남자는 아무렇지도 않은 척 방문을 닫곤 다시 자리로 돌아와 책장에 머리를 파묻는다. 그러나 그의 마음은 이미 천 갈래 만 갈래로 흩어져 있다. 그는 천장을 바라보며 한숨을 토해 낸다. 어떻게 된 인간이기에 이십 대 중반이 되도록 이름 뒤에 붙일 호칭 하나 얻지 못했단 말인가?

향시에 합격했더라면 남자는 진사나 생원이 되었을 테니 이 서방 소리에 깜짝 놀랄 일도 없었을 것이다. 그러나 남자는 대과도 아닌 향시에 세 번 연속으로 떨어졌고, 그 결과 하인 이 서방과 구별 지을 수 있는 그 어떤 호칭도 획득하지 못했다. 남자가 울었는지는 모르겠다. 우리가 이황이라고 알고 있는 남자는 분명 스스로에게 이렇게 물었을 것이다. 나는 도대체 무엇인가?

하인의 일성에 놀란 또 다른 남자가 있다. 친구라고 믿었던 이가 보낸 하인은 마당에 서서 그의 이름 '만주'를 부르고 또 불렀다. 남자는 잠깐 생각하다가 이내 사람 좋은 웃음을 장착하고 방문을 열고 나가 내가 만주라고 대답한다. 하인이 왜 왔는지 남자는 기억도 하지 못한다. 방으로 다시 돌아온 남자의 머릿속은 온통 의문부호로 가득하다. 하인에겐 죄가 없다. 하인은 그저 주인이 준 이름을 외쳤을 뿐일 테니. 그렇다면 문제는 친구라고 믿었던 이의 의도이다. 호가 아닌 이름을 부르는 것이 무례한 행동임을 충분히 알고 있었을 그이가 하인에게 남자의 이름만을 알려준 이유는 도대체 무엇인가? 농담인가? 조롱인가? 실수인가? 우연인지 필연인지 남자 또한 과거에 합격하지 못했다. 대오각성한 이황이 대과에 급제해 대제학, 예조판서 등을 제수받고 일세의 존경받는 대학자가 된 반면, 성은 유이고 이름은 만주인 남자는 평생 단 한 번도 과거 시험의 급제자 명부에 이름을 올리지 못했다. 그렇기에 남자의 수난은 이황보다 수십 배는 더 화려하다. 그중의 한 사례.

책을 무척이나 사랑했던 남자는 『현주 문집』을 구하기 위해 소장자에게 정중한 편지를 보낸다. 있는 정성, 없는 정성을 다해 문장을 썼으니 조만간 답이 올 것으로 기대했지만 오래 기다린 남자가 들은 건 지인이 전한 뜻밖의 소식이다. 자네 편지는 받은 적도 없다고 하더군.

착오라고 생각한 남자는 다시 편지를 쓴다. '미욱한 종놈'이 편지를 잃어버리고는 화를 입을까 싶어 거짓으로 얼버무린 말을 그대로 믿은 것은 아닌가 하는 조심스러운 의문을 피력하는 편지를 쓴다. 혹시라도 기분이 나쁠까 싶어 교우가 계속되었으면 한다는 바람으로 글을 마감한다.

편지를 보내기 무섭게 벼락같은 답장이 도착한다. 소장자의 문장은 직설적이다. 괜한 꼬투리, 몰상식한 대접, 절교 등의 단어들이 제일 먼저 눈에 들어온다. '미욱한 종놈'을 물고 늘어지며 괜한 꼬투리를 잡는다, 나를 어찌 생각하고 이런 몰상식한 대접을 하는지 모르겠다, 이 일로 절교를 통보한다고 해도 어쩔 수 없다고 여긴다 등등. 책은 빌려줄 수 없으며, 하고 싶은 말은 많으나 이만 줄이겠다는 공격적인 문장으로 답장은 끝이 난다.

남자는 도무지 이해할 수가 없다. 소장자의 문장이 이토록 공격적이며 날카로운 이유를. 애초에 편지를 받고 답을 하지 않은 건 소장자가 아니었던가. 그럼에도 그에 대한 사죄는 단 한 단어도 찾아볼 수 없다. 남자가 울었는지는 모르겠다. 우리가 유만주라고 알고 있는 남자는 붓을 들어 글을 쓴다.

사람이 세상에 태어나서 가장 받지 말아야 할 것이 하나 있다. 바로 모멸이다. 사람들은 대체로 가난한 탓에 멸시받고 짓밟히지만, 이는 내가 말하는 모멸은 아니다.

회사에서 사무원으로 일하는 남자, 페소아에 의해 행적

이 기록된 남자는 느닷없이 사진기 앞에 서게 된다. 병에서 회복된 사장이 무슨 이유에서인지는 몰라도 사무원들의 단체 사진을 갖고 싶어 했기 때문이다. 사장은 당연히 한가운데에 섰고 다른 인간들은 '되는 대로' 주위를 채웠다. 며칠 후 사진이 나왔다. 남자는 당연히 사진 속에서 자신의 얼굴을 가장 먼저 찾는다. 자신을 과대평가하지 않는 냉정한 남자였지만 사진 속의 모습은 정말 실망스럽다. 『불안의 책』에서 인용한다.

나는 마치 초췌한 예수회 교도처럼 보인다. 야위고 무표정한 나의 얼굴은 지적이지도, 강렬하지도 않거니와, 잔잔한 파도처럼 늘어선 타인의 얼굴과 특별히 다를 것도 없다.

사장의 얼굴은 단연 탁월하다. '명랑하면서도 경직된 얼굴과 단호한 시선, 그리고 뻣뻣한 수염'이 사장다움을 증명한다. 단조로움 그 자체인 남자의 상관도, 심지어는 외판원도 남자보다는 훌륭해 보인다. 남자는 자신의 존재감에 대해 생각한다.

내가 생각하는 모든 것, 내가 느끼고 살아가는 모든 것은

어느 도시의 일상적인 거리에서 사라진 행인 그 이상도 그 이하도 아닐 것이다.

상관의 절묘한 감상평이 남자를 '쓰레기'로 만든다. 사진이 참 잘 나왔어요. 모두들 실물 그대로 나왔군요.
집으로 돌아온 남자가 울었는지는 모르겠다. 펜을 들어 글을 쓴다.

내가 모든 사람을 부러워하는 것은 그들이 내가 아니기 때문이다. 불가능한 모든 일들 중에서 그것이 내게는 가장 불가능한 일처럼 보였고, 그것이 나의 일상의 가장 큰 근심이 되었으며, 모든 슬픈 시간을 가득 채우는 나의 절망이 되었다.

5. 거울

시 :「형님의 얼굴」박지원

노래 :「세월이 가면」박인희

초보 소설가로 잡지사에서 일했던 제임스 설터는 『롤리
타』를 쓴 소설가 나보코프를 인터뷰할 기회를 얻게 된다.
서면으로만 응한다는 나보코프를 위해 설터는 며칠 밤
을 새워 신중하고 공들인 열 개의 질문을 만들었다. 실망
스럽게도 나보코프에게서는 답변이 오지 않았다. 나보코

프가 아닌 다른 소설가였다면 무책임함을 욕하곤 곧바로 포기했을 것이다. 상대는 꿈에서도 보기를 원하던 나보코프였다.

설터는 나보코프가 머무는 스위스로 날아갔다. 온갖 연줄을 동원해 대면 인터뷰 자리를 만들고 쾌재를 불렀는데, 아뿔싸 그에게 돌아온 건 건강상의 이유로 인터뷰가 취소되었다는 차가운 통지였다. 설터는 썩은 동아줄이라도 잡는 심정으로 무모한 행동을 한다. 나보코프에게 직접 전화를 한 것이다. 나중에 설터는 교황에게 전화를 거는 심정이었다고 고백한다. 설터의 용기는 보답을 받았다. 나보코프가 다시 한번 시간을 내주기로 했다. 두 사람은 호텔 바에서 스카치 소다 한 잔씩을 앞에 놓고 이야기를 나누었다. 설터에게는 평생 가장 값졌던 45분이었다. 그런데 인터뷰 말미에 나보코프가 뜻밖의 제안을 했다. "우리 한 잔 더 할까요?"

내가 설터였으면 당장 수락했을 것이다. 존경하던 소설가와 사적인 이야기를 나눌 수 있는 절호의 기회일 테니. 설터는 완곡하게 거절을 하고는 기차역으로 갔다. 기차를 기다리면서 나보코프와 나누었던 모든 말들을 문장으로 옮겼다. 빠뜨린 것이 없나 점검해 가면서 네다섯 장의 종이를 가득 채웠다. 몇 시간의 몰두 끝에 설터는 나보코프와 나눈 말들의 완벽한 기록을 완성했고 그러느라 기차를 놓쳤다. 설터는 나보코프의 한 잔 더 제안을 거절한 이유를 이렇게 밝혔다.

한 잔을 더 마시면 내가 기억한 내용이 지워질지 모른다는 걱정이 들었다.

설터는 나보코프와의 45분이 온전하게 보전되지 못할까봐 두려웠던 것이다.

시인 김수영은 「목마와 숙녀」로 이름을 얻은 박인환이 죽자 글 한 편을 썼다. 「박인환」이라는 직선적인 제목의 글은 매몰찬 문장들로 시작한다.

나는 인환을 가장 경멸한 사람의 한 사람이었다. 그처럼 재주가 없고 그처럼 시인으로서의 소양이 없고 그처럼 경박하고 그처럼 값싼 유행의 숭배자가 없었기 때문이다.

추모의 글로 보기는 쉽지가 않다. 김수영의 글에서 느껴지는 건 박인환에 대한 증오와 멸시뿐이니. 그렇다면 실제의 둘은 어떤 관계였을까? 젊은 김수영에게 박인환은 닮고 싶은 대상이었다. 박인환의 서점 마리서사는 시인들의 아지트였고, 잘생겼고 옷을 잘 입었던 댄디 박인환은 세련된 모더니즘 시를 썼다. 김수영은 자신의 시가 '낡았다'고 생각했고, 박인환에 대한 '바보 같은 콤플렉스 때문에' 마음을 앓았다. 김수영은 박인환을 극복하기 위해 노력을 했다. 그를 부정하고 자신만의 새로운 시를 쓰기 위해 온 힘을 다했다. 그렇다면 인용한 과격한 문장은 달리 해석할 수 있다. 김수영은 박인환을 부정, 또 부정하지 않고는 결코 시인이 될 수 없었다는 것. 박인환을 향한 그리움은 글의 마지막에 홀연 모습을 드러낸다.

(인환은) 야아 수영아, 훌륭한 시 많이 써서 부지런히 성공해라!, 하고 빙긋 웃으면서, 그 기다란 상아 파이프를 커크 더글러스처럼 피워 물 것이다.

사족 삼아 하나 더. 조선 후기를 살았던 작가 홍길주는 꿈에 그리던 박지원의 문집을 읽고 이렇게 쓴다.

거울을 가져다가 지금의 나를 비춰 보고, 책을 열어 그분의
글을 읽어 본다. 그분의 문장이 바로 지금의 내가 된다. 내
일 또 거울을 가져다가 비춰 보고 책을 펼쳐 읽어 보면, 그
분의 문장이 곧 내일의 내가 될 것이다.

6. 만남

시 : 「필요한 것들」 심보선

노래 : 「제비꽃」 조동진

1746년 10월 17일, 삼십 대 중반의 남자가 성호 이익의 집을 찾았다. 학식으로 이름이 높았던 이익의 집은 초가였고 허름했다. 집에 사는 사람은 정반대였다. 키가 큰 편이었던 이익의 수염은 아름다웠으며 눈에서는 부드러운 빛이 퍼져 나왔다. 간단한 인사를 주고받은 뒤 이익이 남자를 쳐다보았다. 남자는 이렇게 대답했다. "나이가 마흔에 가까웠으나 아직도 공부하는 방법을 모릅니다. 10년 넘게 선생님을 멀리서 바라보기만 하다가 찾아왔습니다."

남자와 이익은 『대학』을 중심으로 이야기를 나누었다. 시간은 빠르게 흘러 어느새 저녁이 되었다. 여종이 상을 들고 들어와 남자 앞에 먼저 놓았다. 남자가 사양하자 비로소 이익에게 상을 올렸다. 남자는 이익이 수저를 든 후에 식사를 시작했다. 나박김치를 입에 넣었다가 하마터면 다시 뱉을 뻔했다. 맨입으로 먹기엔 지나치게 짰다. 이익이 반찬에 대해 사과했다. "변변치 않은 음식이라 미안합니다. 하지만 선비라면 가난을 당연하게 생각해야 합니다. 먹는 일보다 더 중요한 건 없지요. 먹는 것에 욕심을 부리지 않는 습성을 익히는 것만으로도 큰 공부가 됩니다." 남자는 음식이 짠 이유를 비로소 깨달았다. 식사 또한 공부의 시간이었다.

남자와 이익은 밤늦게까지 경전과 공부 이야기를 나누었다. 남자는 이익의 집에서 잠을 잤고 아침을 먹은 뒤 돌아가겠다고 말했다. 이익은 남자에게 아직 나이가 젊으니 지식의 탐구에 힘쓰라고 마지막 조언을 건넸다. 남자가 이제는 스승이 된 이익에게 기쁜 마음으로 절하자 이익은 일어나 답했다.

남자는 다음 해인 1747년 9월 20일에도 이익을 찾아와 하룻밤을 머물렀고, 1748년 12월 14일에는 이틀을 머물렀다. 남자가 마지막으로 이익을 만난 것은 1751년이었다. 이때는 이익이 병중이라 그저 안부만 물었을 뿐이었다. 1763년 이익이 세상을 떠날 때까지 두 사람은 더는 만나지 못했다.

서로를 알고 지낸 이십 년 조금 못 미치는 기간 동안 남자가 이익을 만난 것은 단 네 번이었고, 마지막 짧은 만남을 제외하면 속 깊은 이야기를 주고받은 날은 겨우 나흘 뿐이었다. 두 사람의 물리적 거리가 상당했던 걸까? 잘 알려진 대로 이익은 안산 첨성촌, 지금의 상록구 성포동에 살았고, 남자는 광주 덕곡, 지금의 중대동 텃골에 살았다. 거리는 50km 남짓이며, 차로는 한 시간, 대중교통을 이용해도 두 시간 반이면 갈 수 있다. 조선 시대였음을 참작해도 마실 삼아 다녀올 만한 가까운 거리는 아니었으나 마음만 먹으면 가지 못할 만큼 먼 곳은 분명 아니었다. 이익은 유난히 방문을 꺼렸던 이 신중한 남자를 어떻게 생각했을까? 말년에 보낸 편지에 그의 진심이 담겨 있다.

(이 원고가) 이제 그대의 손을 거치게 된 점은 나로서는 다행입니다…… 몇몇 젊은 벗들과 함께 조금도 주저하지 말고 바로 교감을 더 하는 것이 가장 좋겠습니다.

남자에게 교정과 감수를 맡긴 원고는 바로 『성호사설』이다. 이익에게 남자는 40년 동안 곁에 두고 써 나갔던 원고를 건넬 만큼 믿을 만한 제자였던 것. 남자의 이름은 바로 안정복이다.

이익의 『성호 전집』에는 안정복에게 보낸 편지 서른네 통이 실려 있고, 안정복의 『순암집』에는 스승에게 보낸 편지 스물다섯 통이 실려 있다. 한 통, 한 통이 공부의 흔적이며 우정의 역사다. 둘의 마음은 항상 연결되어 있었던 것. 스승에 대한 흠모가 여름 강물처럼 흘러넘치는 안정복의 편지를 마지막 증거로 제출한다.

꿈에 선생을 모시고 평상시와 똑같이 가르침을 받았습니다. 깨어난 후, 사모의 마음 이루 형언할 수가 없었습니다.

7. 이름

시 : 「민」 유희경

노래 : 「너의 의미」 산울림

이름은 나와 더불어 처음과 끝을 함께 하는 것이다. 이 정의에 투철했던 사람이 바로 안정복이다. 안정복은 스승 이익의 개명 요구를 단호하게 거절했다.

이름을 고치는 일은 아무래도 온당하고 바른 도리가 아닐

듯합니다. 이름을 아무리 고치더라도 이 몸은 여전히 그 사람 그대로일 것이니, 이 문제는 저 자신의 할 도리를 다하여 스스로 지켜 가면 그만일 것입니다. 이에 감히 분부를 따르지 못합니다.

이익이 개명을 요구한 이유는 제자를 아꼈기 때문이다. 안정복의 몸이 유달리 약했기에 이름이라도 바꾸면 좀 좋아질까 하는 염려의 마음으로 새 이름을 지어 건넸던 것. 다른 제자였다면 스승의 사랑에 감격하여 곧바로 이름을 바꾸었겠으나 안정복은 달랐다. 스승을 존경하는 마음이야 다른 제자들에 뒤처지지 않았지만, 존경은 존경이고 이름은 이름이었다. 수십 년 세월을 함께 한 이름은 그에게는 결코 버려서는 안 되는 귀한 존재였다.

이름에 대한 집착이 강한 사람의 명단에 김홍연 또한 빠질 수 없겠다. 김홍연이 누구지? 하고 고개를 갸웃했다면 그건 지극히 정상적인 반응이다. 김홍연은 정치가도, 학자도, 장군도, 의병도 아닌 왈짜였으니까. 왈짜는 방탕하고 물정 모르는 자를 이르는 말로 요즈음 단어로 바꾸면 건달, 혹은 양아치가 되겠다.

금강산을 찾았던 박지원은 날개 달린 새도 도달하기 힘

든 만폭동의 깎아지른 듯 천 길 높이 솟은 바위 꼭대기에 김홍연이라는 이름이 새겨져 있는 것을 보았다. 처음에는 별 희한한 인간도 다 있군, 하고 심드렁하게 여겼다. 그런데 김홍연이라는 이름과의 인연은 그것으로 끝이 아니었다. 김홍연의 이름은 속리산과 가야산에도, 천마산과 묘향산에도 있었다. 남들이 쉽게 오르지 못하는 곳에 올랐다고 내심 뿌듯해하던 박지원을 조롱하듯 김홍연의 이름은 항상 더 높은 곳에 새겨져 있었다. 처음에는 화가 났지만 하도 여러 번 만나자 나중에는 동지애 비슷한 감정마저 느낀다.

험준한 골짜기에서도 사슴 정강이 크기만 한 큰 글자가 인주로 메워져, 늙은 나뭇가지와 해묵은 칡덩굴 사이로 보일락말락 서려 있다 하면 반드시 김홍연 석 자였다. 그런 때에는 마치 위험하고 곤경에 처했을 때 옛 친구를 만난 듯 기뻤으며, 그로 인해 힘을 내어 기어오르면서 그 글자와 앞서거니 뒤서거니 하였다.

훗날 박지원은 평양에서 우연히 이름의 주인공 김홍연을 만난다. 호기로운 인간을 기대했던 박지원은 깜짝 놀란다. 김홍연은 병든 애꾸눈 노인이었고, 아내도 집도 없어 절에 의탁해 사는 처지였다. 김홍연은 자신이라는 사람이 있었음을 알리기 위해 직접 돌에 이름을 새겼다고 고백하며 한 가지 부탁을 했다. 자신의 이름이 후세에 전해질 수 있도록 글을 한 편 써 달라고. 살아온 날의 역사로만 보자면 아무것도 아닌 김홍연의 이름이 오늘날까지 남은 건 박지원 때문이다. 이렇듯 이름은 함부로 바꾸기 어려운 것이지만 때로 어떤 이름은 처음과 끝을 함께하기엔 좀 곤란하기도 하다. 박제가의 외사촌 동생이 바로 그랬다.

너의 이름은 돈(豚돼지)이고 올해로 열한 살이 되었다. 돼지로 세상을 산 것이 거의 4천 일이니 놀랍지 않느냐?

박제가는 돼지 외사촌에게 규성이라는 새 이름을 선물했다. 모르긴 몰라도 이름 때문에 놀림깨나 당했을 외사촌은 선물을 덥석 받아들였을 것 같다. 규성이라는 이름을 언급하고 보니 자동반사적으로 이규보가 떠오른다. 고려의 대문장가 이규보의 원래 이름은 규보가 아닌 인저였다.

공은 기유년(1189, 명종 19) 사마시에 나아가려고 했을 때 이름을 규보로 바꾸었다. 공이 꾼 꿈 때문이었다. 어떤 촌백성인 듯한 노인들이 모두 검은 베옷을 입고 마루 위에 모여 앉아 술을 마시는데 옆 사람이 이르기를 '이들은 28수宿이다' 하므로, 공은 깜짝 놀라 황송한 마음으로 두 번 절하고 물었다.

"내가 금년 과시科試에 합격할 수 있겠습니까?"

한 사람이 옆에 있는 사람을 가리키면서 대답했다.

"저 규성奎星이 알 것이다."

이규보는 과거에 세 차례나 떨어진 삼수생이었다. 규성이 이번에는 장원 급제할 것이라고 말하자 이규보는 환호했다. 꿈에서 깬 이규보는 규성의 규를 따 새로 이름을 지었고 그 덕분인지 꿈속에서처럼 과거에 합격했다. 삼수생이었다니, 사정을 알고 나면 이규보가 이름을 바꾼 행동을 욕하기는 어렵다.

별다른 일도 없는데 수시로 이름을 바꾸는 사람의 경우는 또 어떨까? '책 읽기의 달인' 이덕무가 바로 그랬다. 이덕무는 선비들에게는 이름과 다를 바 없는 호를 수시로 바꾸기로 유명했다. 청장관, 아정, 선귤당, 형암, 영처, 매탕, 경재, 감감자 등 일일이 나열하기도 어렵다. 친구들은 이덕무의 입장을 고려해 슬며시 비웃곤 했지만 '쓴 말하기의 달인' 박지원은 그냥 두고 보지 않았다.

너의 이름은 너의 몸에 속한 것이 아니라 남의 입에 달린 것이다. 남이 부르기에 따라 좋게도 나쁘게도 되고, 영광스럽게도, 치욕스럽게도 된다…… 이빨과 입술은 네 몸에 붙어 있는 것이지만, 씹고 뱉는 것은 남에게 달린 셈이니, 네 몸에 언제쯤 네 이름이 돌아올 수 있을지 모르겠구나.

수많은 이름을 보유했고 그 덕분에 박지원의 비아냥거림을 들어야 했던 이덕무지만 페르난두 페소아에 비하면 아무것도 아니다. 페소아의 연인 오펠리아 케이로즈는 어느 날 알바루 드 캄푸스라는 사람으로부터 편지 한 통을 받는다.

페르난두 페소아라고 불리는 비열하고 끔찍한 자가, 실은 저와 각별한 친분이 있는 친구입니다만, 귀하에게 연락을 취해 달라고 부탁했습니다…… 페소아 그 인간에 관하여

마음속에 어떤 이미지를 만드셨든 간에, 그 이미지를 집어
다 하수구에 버려 주십시오.

요약하자면 페소아와 친분이 있다고 주장하는 알바루 드
캄푸스가 페소아 같은 인간과는 헤어지라고 요청하는 편
지를 보내온 것이다. 유난히 오지랖이 넓은 친구 정도로
여길 수 있겠다. 문제는 알바루 드 캄푸스가 페소아의 또
다른 이름이었다는 사실이다.

페소아에게는 알바루 드 캄푸스 말고도 이명異名이라 불리
는 여러 개의 다른 이름이 있었다. 알베르투 카에이루, 리
카르두 레이스, 베르나르두 수아르스, 안토니우 모라……
놀라운 건 이들 모두가 개별적인 인간들처럼 살았다는 점
이다. 이들은 자신들의 이름으로 책을 썼고 고유의 인격
이 있었으며, 심지어는 서로 사제 관계, 혹은 우정을 맺기
도 했다. 다시 말하면 단순히 다른 이름이 아니라 한 사
람 속에 거처하는 완전히 다른 존재들이었던 것. 한 가지
더. 페소아라는 이름은 의미심장하게도 포르투갈어로 '사
람'이라는 뜻이다. 저명한 페소아 연구자 안토니오 타부키
가 자신의 책에 『사람들이 가득한 트렁크』라는 기이한 이
름을 붙인 이유이기도 하다.

이름 이야기를 다 풀어내려면 천만 매로도 모자랄 것이다. 그래서 이름의 총합, '모든 이름들'로 마무리를 하려한다. 『모든 이름들』은 주제 사라마구가 쓴 소설의 제목인데 작가는 소설로 들어가기 전에 이 주제와 관련한 흥미로운 문장을 적어 놓았다.

너에게 붙여진 이름은 알아도, 네가 가진 이름은 알지 못한다.

8. 밤

시 : 「비 오는 가을밤」 최치원

노래 : 「Lonely night」 권진아

『북학의』는 청나라로 대표되는 선진 문명을 받아들여 부국강병과 이용후생을 이루자고 소리 높여 외쳤던 북학파의 대표적 이론서이다. 누군가 『북학의』가 어떤 책이냐고 묻는다면 그리움과 외로움의 책이라고 말하겠다. 박제가가 쓴 『북학의』 자서의 첫 문장을 증거 자료로 제출한다.

**나는 어릴 적부터 고운 최치원과 중봉 조헌의 사람됨을 사
모했다.**

박제가는 마부가 되어서라도 모시고 싶다는 겸손한 소망
까지 피력한 후 두 분을 사모하는 이유를 상세하게 나열
한다. 박제가에 따르면, 최치원은 당나라 유학 생활을 마
치고 신라로 돌아온 뒤 고국의 풍속을 혁신하여 중국의
수준으로 진보시킬 방안을 고심했던 사람이었으며, 조헌
은 사신으로 명나라를 다녀온 후 중국의 우수한 문화를
받아들여 조선의 현실을 변화시키자는 간절한 마음이
담긴 보고서를 올린 사람이었다. 이어지는 자서의 내용
이 박제가 자신이 직접 청나라를 경험하고 온 소감을 담
은 문장, 즉 '청나라의 풍속 가운데 우리가 시행하여 일
상생활을 편리하게 할 만한 것이 있으면 발견하는 대로
기록했다'로 이어지는 건 글의 전개로 볼 때 지극히 자연
스럽다.
자신이 보고 듣고 느낀 것을 한 권의 책으로 쓴 이유에
대해 차근차근 논리를 펼쳐 나가던 박제가는 자서 후반

부에서 뜨거운 감정을 억제하지 못하고 스물아홉 청년다운 정당한 울분을 터뜨린다. "백성들의 생활은 날이 갈수록 곤궁해지고, 국가의 재정은 날이 갈수록 궁핍해지고 있다. 상황이 이런데도 불구하고 사대부가 팔짱을 낀 채 바라만 보고 구제하지 않을 것인가?"

이백여 년 전 청년의 울분이 오늘 아침 인터넷에서 읽은 뉴스처럼 생생하기만 하다. 냉정하게 감정을 추스른 박제가는 사모하는 두 분의 이름을 다시 호출한다.

이 책에서 말한 것이 당장 시행되지는 못하더라도 이 일에 쏟은 정성은 후세 사람들이 인정해 주리라. 최치원과 조헌 두 분의 뜻도 그러했을 것이다.

『북학의』가 최치원과 조헌을 향한 그리움을 담은 책이라는 내 견해에 어느 정도 동의하리라 믿는다. 외로움의 책이라고 말한 이유는 또 무엇인가? 외면당하고 실패한 사람들이라는 점을 대답으로 내밀겠다.

최치원이 활약하기에 신라는 이미 쇠퇴한 나라였고, 결국 그는 가야산에 은거해 생을 마쳤다. 조헌이 정성을 다해 만들었던 상소문은 임금의 외면을 받았고, 결국 그는 의

병대장으로 생을 마쳤다. 박제가의 『북학의』는 조금 더 파란만장하다. 박제가는 집요하리만큼 빈번하게 '개혁 군주' 정조에게 『북학의』를 올렸으나 돌아온 건 애썼다, 식견이 고상하다는 상투적인 문장뿐이었다. 정조는 횟수로는 세 차례, 기간으로는 12년 동안 박제가에게 규장각 검서를 맡겼을 정도로 그를 아끼고 사랑했으나 『북학의』의 주장을 현실 정치에 반영한 적은 결코 없었다. 워낙 꼿꼿한 성격이라 하급 관원이면서도 적이 많았던 박제가는 정조 사후 유배객 신세가 되었고, 유배에서 돌아온 지 얼마 안 되어 생을 마쳤다.

박제가는 1805년, 조헌은 1592년에 세상을 떠났고, 최치원은 생을 마감한 정확한 연대조차 알려지지 않았다. 가깝게는 이백여 년, 멀게는 천백여 년 전의 일이니 이들의 외로움은 역사의 유물이 아니냐고 반문하지 않았으면 좋겠다. 먼저 깨달은 자의 외로움, 함께 세상을 바꿔 나갈 동지를 찾는 자의 그리움이라는 두 개의 감정은 여전히 진행형이라고 나는 믿는다. 자신의 미래를 예견하기라도 한 듯 『북학의』 자서의 마지막 문장은 뜻밖에도 한없이 쓸쓸하다.

1778년 가을 9월 그믐 전날, 박제가는 비 내리는 통진의 농가에서 쓴다.

9. 말

시 : 「경마장에서」 하종오

노래 : 「야생마」 이문세

늘 그렇듯 심심풀이 삼아(?) 『북학의』를 읽는데 전혀 예상
하지 못한 내용이 등장하는 바람에 마음이 먹먹해졌다.

일본의 도쿠가와 이에야스가 '물건을 절제함이 없이 실어
소와 말을 상하게 하는 것은 어진 사람이 행할 정사가 아니

다. 이제부터는 몇 근을 넘어서는 짐은 싣지 못한다'는 명령을 내렸다. 일본에서는 짐승도 저런 대우를 받고 있으니 우리나라는 사람을 어떻게 대우해야 할까?

짐승인 소와 말을 진심으로 염려하는 박제가의 속 깊은 문장은 박지원을 호출했다. 자신이 타던 말이 죽자 박지원은 하인들에게 잘 묻어 달라는 지시를 내렸다. 말고기에 욕심이 난 하인들은 눈과 입으로 공모한 후 조용히 나눠 가졌으나 세상에 비밀이란 없는 법, 그 사실은 어찌어찌하여 박지원의 귀에 들어가게 되었다. 박지원은 어떻게 했나? 다른 이에게 말의 남은 살과 뼈를 깊이 묻어 달라고 부탁한 후 하인들의 볼기를 때리며 말했다.

사람과 짐승이 비록 차이가 있다고는 하나 이 말은 너와 함께 수고하지 않았느냐? 어찌 차마 그럴 수가 있느냐?

박제가와 박지원의 글과 사례에서 확인할 수 있는 사실 하나. 성리학을 신봉하며 인과 의를 중요한 가치로 여긴다고 내외에 선전해 왔던 조선은 말을 잘 먹이고 기르는 일에는 전혀 관심을 두지 않는 나라였다. 말은 살아 있는 짐승이 아니라 사람과 짐을 실어 나르는 실용의 도구로써만 존재했을 뿐. 죽어서는 그저 고깃덩어리였고.

말의 감정과 처지를 전혀 살피지 않은 처사는 합당한 결과를 가져왔다. 전쟁이 터지고 말이 필요한 상황이 되었으나 뛰고 달려야 할 말은 지치고 굶주려서 제 역할을 전혀 하지 못했던 것. 조선은 전쟁에 패했고 왕세자를 중국 땅에 볼모로 보내는 수모를 겪었다. 그이의 이름은 바로 소현세자다. 소현세자는 패배하여 끌려가는 의기소침한 이들의 무게조차 감당하지 못하는 조선의 불쌍한 말들을 이렇게 묘사한다. 성명 미상의 작가가 쓴 글이다.

나는 인간들보다 훨씬 강인한 말도 지쳐 쓰러진다는 사실을 선양 가는 길에서 처음으로 알았습니다. 만주족의 행군 속도를 따라가지 못한 것은 조선의 말 또한 마찬가지였습니다. 아니 다시 말해야 하겠습니다. 모든 문제를 짐승인 말의 탓으로 돌릴 수는 없겠습니다. 행군 속도도 문제였지만 말을 제때 먹이지 못한 탓이 더 컸으니까요. 먹지도 못하고 달리기만 한 말이 견뎌 낼 도리가 있겠습니까? 게다가 짐까지 잔뜩 지고 있으니 그 와중에 쓰러지지 않는 말이 도리어 더 이상한 것이겠지요. 말은 한 마리, 두 마리 차례로 세상을

하직했습니다.

소현세자의 삶이 비극으로 끝난 건 소모품 취급을 받던 말들이 한 마리, 두 마리 세상을 하직했을 때부터 예정되어 있었을지도 모른다. 조선의 말들이 죽어 나가는데 그 나라의 왕세자가 오래, 편안히 살았다면 그것도 이상한 일일 터. 그렇다면 소현세자는 어떻게 해야 했을까? 박지원처럼 뼈와 살을 땅속 깊이 묻어 주어야 했을까, 아니면 니체처럼 말의 머리를 끌어안고 눈물을 터뜨려야만 했을까?

니체가 토리노에서 말의 머리를 끌어안고 눈물을 터뜨린 건 철학사에서 꽤 유명하고 중요한 일화다. 이 사건 이후 철학자로서의 니체의 삶은 끝났기 때문이다. 1888년 12월 27일, 동면 같은 긴 잠을 자다가 일어나 집을 나선 니체는 고통받는 말을 만났다. 지친 말은 마차를 제대로 끌지 못했고 마부는 사정없이 채찍을 휘둘렀다. 채찍질을 이기지 못한 말은 사죄하듯 무릎을 꿇었으나 마부는 채찍질을 멈추지 않았다. 니체는 잔인한 마부에게 항의하기 위해 말에게로 다가갔다. 니체는 항의를 포기하고 말의 머리를 끌어안고 눈물을 터뜨렸다. 말리려고 다가서는 사람들에게 손을 휘저으며 이 불쌍한 짐승은 자신의 형제라고 외쳤다. 이 사건 이후 정신을 놓아 버린 니체가 보낸 편지의 문장이 인간인 우리의 마음을 흔든다.

사람은 어디에서 어떻게 살든 희생을 치러야만 합니다.

이 사건이 상징하는 바는 무엇일까? 말 한 마리의 고통이 어째서 니체의 이력을 끝장내 버린 것일까? 답을 찾기 위해, 혹은 더 깊이 생각하기 위해 이번에는 도스또예프스끼를 호출해야 한다. 1837년 4월, 17세 소년 도스또예프스끼는 건장한 체격의 관리가 주먹으로 마부의 뒤통수를 연신 때리는 광경을 목격했다. 마부는 어떻게 했을까? 자신이 맞는 동안 말에게 채찍을 휘둘렀다. 도스또예프스끼는 이 참혹한 기억을 잊지 않았다. 그의 유명한 소설 『죄와 벌』에는 자신의 기억과 유사한 장면이 등장한다.

라스꼴리니코프는 악몽을 꾸었다. 꿈속에서 작은 시골 마을에 살고 있던 어린 시절을 보았다……
미꼴까는 "뛰쳐라!" 하고 외치면서 미친 듯 수레 위에서 날

뛰었다. 취해서 얼굴이 벌겋게 달아오른 몇 명의 청년들도 닥치는 대로 채찍이고, 몽둥이고, 수레 채 따위를 집어 들고는 숨이 넘어가는 암말에게 달려들었다. 미꼴까는 옆에 서서 아무 생각 없이 쇠 지렛대로 말 등을 내려치기 시작했다. 여윈 말은 머리를 축 늘어뜨리고 숨을 괴롭게 몰아쉬다가 죽고 말았다……

"아빠, 왜 저 사람들은…… 불쌍한 말을…… 죽인 거예요!"

소년은 흐느끼면서 숨이 막혔고 찢어질 듯한 가슴에서 이렇게 외마디 비명 소리가 흘러나왔다.

이현우 선생은 『너의 운명으로 달아나라』에서 '니체의 사례는 정확하게 문학 작품을 모방한 사례로 유명하다'고 썼다. 그렇다면 라스꼴리니코프는 어떻게 되었는지 살펴보아야 할 일. 꿈에서 참혹한 폭력을 경험했던 라스꼴리니코프는 결국 대의라는, 자신만이 공감하는 명분을 내세워 노파를 살해했다. 무슨 뜻인가? 나만의 이상한 논법으로 정리하자면 소년 도스또예프스끼가 채찍질 당하는 말을 목격하지 않았다면 니체 또한 미치지 않았으며, 라스꼴리니코프 또한 살인을 저지르지 않았을 가능성이 있다는 뜻이다. 이상한 논법을 계속 전개하자면 이렇게 말할 수도 있겠다. 어쩌면 고난을 겪는 말은 곧 사람이라고. 나나 여러분은 전생에는 채찍질 당하던 한 마리 말이었을 수도 있다고. 죽은 후에도 편안히 쉬지 못했던 말. 그렇다면 천고마비의 가을을 해마다 경험하는 우리는 이런 질문을 던져야만 하리라. 인간은, 아니 말은 어떤 삶을 살아야 마땅할까? 『눈물들』을 쓴 파스칼 키냐르에게서 힌트를 얻어 보기 바란다.

옛날에는 말들이 자유로웠다. 대지를 질주해도 사람들이 탐내지 않았다. 포위하거나, 행렬에 편입시키거나, 올가미로 포획하거나, 덫을 놓아 잡거나, 전차에 붙들어 매거나, 마구를 달거나, 안장을 얹거나, 편자를 박거나, 올라타거나, 제물로 바치거나, 잡아먹거나 하지 않았다.

10. 시선

시 : 「원효로4가」 이시영

노래 : 「Song for my father」 호레이스 실버

원효 대사의 이름을 모르는 이는 없을 것이다. 유명세를 반영하듯 효창 공원에는 대사의 동상이 있으며 원효로라는 지명도 존재한다. 『삼국유사』의 화려한 탄생 설화도 읽는 이의 호기심을 자극한다. 대사는 지금의 경산시인 압량군 남쪽, 불지촌 북쪽의 밤골 사라수 아래에서 태어났

다. 길거리에서 태어난 셈인데 불쌍히 여길 필요는 전혀 없다. 석가모니 또한 룸비니 동산의 아쇼카 나무 아래에서 태어났다. 별똥별이 품 안으로 들어왔다는 태몽까지 더해지면 탄생 설화가 말하는 바는 단 하나, 석가모니 같은 위대한 고승이 신라에 태어났다는 뜻이 된다. 과연 대사는 총명하고 특별하여 스승도 없이 혼자서 학문을 익혔고, 이내 신라에서는 그에게 대적할 사람이 아무도 없게 되었다.

대사가 더더욱 특별한 이유는 그렇듯 뛰어났으면서도 고승들의 일반적인 행로를 따르지 않고 미친 사람처럼 함부로 말을 하고 다녔으며, 법도에 어긋나는 행동만 골라 했다는 데에 있다. 한두 사례가 아니었던 모양으로, 『삼국유사』에는 일일이 다 기록하지 않는다, 라는 재미있는 문장까지 등장한다. 기행의 압권은 거리를 떠돌며 사랑가를 부른 대목이다. 자루 빠진 도끼를 주면 하늘을 떠받칠 기둥을 찍어 보련다는 은유보다는 직유에 더 가까운 노래가 바로 그것이다. 노래의 뜻을 곧바로 파악한 태종무열왕은 요석궁의 과부 공주를 떠올리고 사람을 보냈는데, 그 순간 대사는 이미 요석궁을 향하고 있었으며 이후 두 사람 사이에 설총이라는 아들이 태어난 건 너무 유명한 이야기라 더 덧붙이고 말고 할 것도 없다.

나라의 동량으로 쓰일 만한 아들을 낳은 후 대사는 어떻게 살았던가? 환속한 후 세상을 떠돌았다. 커다란 박을 두드리며 무애無碍, 무애 하는 노래를 춤을 추며 부르고 사람들을 교화했다. 가난한 백성들과 어리석은 무리가 부처의 이름을 알고 나무아미타불을 읊게 된 건 다 대사의 공로였다. 대사의 이름인 원효는 새벽이라는 뜻이다. 신라 땅에 불교의 깊은 맛을 퍼뜨린 건 바로 대사였다.

아들 설총에게로 시선을 돌려 보자. 대사가 하나뿐인 아들을 여느 아버지처럼 알뜰살뜰 돌보아 주었을 것 같지는 않다. 태어난 아들의 얼굴만 보고 요석궁을 떠났을 수도 있겠고, 어쩌면 태어나기도 전에 출가, 혹은 가출했을 수도 있겠다. 그러므로 설총은 아버지 없이 어린 시절을 보냈다고 해도 과언은 아닐 것이다. 유복자에 가까운 설총은 어떻게 되었을까?

이름은 총聰, 자는 총지聰智라는 사실에서 알 수 있듯 천재 소년으로 자랐다. 경서와 역사서에 통달해 훗날 신라 10현 중 한 명으로 추앙받았으며, 이두를 정리해 후학들에게 커다란 도움을 주었다는 건 널리 알려진 사실이다.

『삼국사기』에 실린 '화왕 이야기'를 보면, 좀 지루하고 고지식하기는 해도 인격적으로 흠잡을 데는 없었던 사람 같다.

텍스트가 말해 주지 않는 사실에 주목하고 싶다. 아버지도 없이 자란 아이의 삶이 과연 평탄하기만 했을까? 아무리 똑똑하고 성품이 훌륭하더라도 아이에게는 아버지가 필요한 때가 있는 법. 불러도 오지 않는 아버지를 향한 그리움과 원망을 아이는 도대체 어떻게 극복해 낸 것일까? 『삼국유사』에는 이 유명한 아버지와 아들에 대한 흥미로운 후일담 한 편이 실려 있다. 대사가 세상을 떠나자 설총은 유해를 잘게 부수어 진용, 즉 살아 계시던 시절 아버지의 모습으로 소상을 빚어 분황사에 모셨다. 소상 앞에서 눈물 흘리고, 그리워하고, 고개 숙여 예를 표했다. 그러던 어느 날 특별한 일이 일어났다.

설총이 그때 곁에서 예배하니 소상이 갑자기 고개를 돌려 바라보았다. 지금도 여전히 돌아본 채로 있다.

어린 아들, 혹은 아직 태어나지 않은 아들을 보지도 않은 채 세상을 떠돌았던 대사가 이미 죽은 자신 앞에서 격한 감정을 토로하는 아들에게 세속의 아버지처럼 시선을 주었다는 것이다. 후일담은 여기에서 끝나지만 나는 그 뒤가 몹시 궁금하다. 세상을 떠난 뒤에야 비로소 자신을 바라본 아버지에게 과연 설총은 어떻게 행동했을까? 부질없는 상상이고 불경한 상상이지만 나는 이 부자의 다음 모습이 몹시도 궁금하다.

11. 요절

시 : 「꿈에 만난 벗」 허균

노래 : 「친구」 김민기

허균의 친구 사랑은 유별나다. 조선 최고의 시인이 누구
냐는 질문을 받으면 허균은 곧바로 친구인 권필의 이름
을 댔다.

나는 지금 세상에서 시를 가장 잘 짓는 이가 누구인지 이야

기할 때마다 반드시 여장(권필의 자)이지, 여장이야, 하고 말한다.

허균은 권필의 인품에 대한 칭찬 또한 아끼지 않았다.

인품의 높이가 시보다 더 빼어나지만, 사람들이 그 인품을 높이 치지 않는 것이 시보다 더욱 심하다.

서얼 친구 이재영에 대한 애정은 또 어떠한가? 허균이 그에게 보낸 편지를 읽으면 남의 연애편지를 훔쳐 읽는 것 같아 기분이 이상해진다.

처마에는 비가 부슬부슬, 향로에는 향이 하늘하늘. 친구들과 웃옷 벗고 맨발로 앉아 연근 씻고 참외 먹으며 고민거리를 씻는데 우리 여인(이재영의 자)이 없어서 되겠는가? 어서 서둘러 오게나.

하지만 나는 허균의 첫 번째 친구로 금각을 들고 싶다. 허균은 1585년 그의 나이 17세 때 금각을 처음 만났다. 먼저 교유를 청한 건 금각이었다. 허균의 형 허봉에게 글을 배우던 금각은 만나고 싶다는 편지를 보내왔고 허균은 금각이 기거하는 집으로 '재빨리' 찾아가서 '가깝게' 사귀었다. 허균은 금각의 편지가 간결하고 논지가 분명한 까닭에 금각을 찾아간 것처럼 기술했는데, 나는 서둘러 교우를 튼 이면에는 허봉이 있었다고 본다. 허봉은 금각의 아버지 금난수에게 보낸 편지에서 '아드님은 또래보다 훨씬 뛰어납니다. 아드님이 저의 스승이지, 제가 그의 스승이 아닙니다'라는 극찬의 표현으로 금각을 높이 평가한 바 있다. 어릴 때부터 형을 롤모델로 여기고 그 누구보다도 존경했던 허균이었던 만큼 형의 극찬을 이끌어 낸 금각에 대한 궁금증을 숨기지 못했는데 마침 그가 때맞춰 편지를 보내왔던 것이다.

둘의 우정이 무르익은 건 이듬해, 허봉이 머물던 백운산에서 함께 글을 배우기 시작하면서였다. 허균이 천재형 인물이었음은 널리 알려진 사실이다. 허균 본인이 '겸손하게' 고백한 바에 따르면 '하루에 수만 자를 읽었으며, 입만 열면 글귀가 줄줄 흘러나와 사람들이 총명함과 민첩함에 감탄했다'고 한다. 매형 우성전은 허균의 문장이 지나치게 뛰어나 집안에 해를 불러올 것이라는 예언을 남기기도 했다.

천재 중의 천재인 허균이 보기에도 금각은 보통이 아니었다. 인격은 완벽한 수준이었다. 마음이 넓고 욕심이 없었으며 행동에는 법도가 있었다. 더 놀라운 건 어린 나이임에도 이미 고금의 서적을 두루 읽고 소화한 상태여서 듣는 이의 수준에 맞게 친절하게 설명을 할 수 있는 능력을 지녔으며, 글쓰기에도 일가를 이루었다는 사실이었다. 설마 했던 허균은 금각에게 완전히 빠져들었다. 허균은 친형제와 같은 우정을 나누었고 우뚝 선 소나무를 보듯 존경했다.

우정은 길게 이어지지는 못했다. 몸이 약했던 금각이 폐결핵에 걸려 18세 나이에 세상을 떠났다. 둘의 인연은 아직 끝나지 않았다. 십여 년 후 금각의 형 금개가 허균을 찾아와 묘지명을 부탁했던 것. 허균의 글은 담담하면서도 진솔해서 금각에 대한 그의 마음이 어떠했는지를 우리에게 잘 보여 준다. 묘지명에서 가장 가슴 아픈 대목은 죽음을 눈앞에 둔 금각이 스스로 지었다는 글들을 인용한 부분이다. 금각은 묘지문을 짓고 이렇게 썼다.

일곱 살에 글을 배워 열여덟 살에 죽었다.

뜻은 원대했으나 삶이 짧았으니 운명이로구나!

금각이 지은 짧은 제문은 읽는 이의 말문을 잇지 못하게
한다.

아버지, 어머니, 저 때문에 울지 마세요.
아, 애통합니다!

처음엔 설마 했으나 결국엔 금각을 자신보다 더 사랑하
게 되었던 남자 허균은 진심에서 우러나온 시 한 편으로
일찍 세상을 떠난 자신의 첫 번째 친구를 추모했다. 애절
한 시의 말미는 이렇다.

공의 행적 더듬는 일에 어찌 감히 많은 말을 쓰겠습니까?
다만 나의 정을 기록합니다. 공은 아마 제 마음을 아시겠
지요.

12. 구운몽

시 : 「어머니」 윤동주

노래 : 「어머니와 고등어」 산울림

영조와 정조는 서로 다른 이유로 「구운몽」을 사랑했다. 영조는 신하들에게 「구운몽」의 작자가 누구인지를 여러 차례 물었으며 '진정한 문장가의 솜씨'라는 표현으로 이야기와 문장에 대한 감탄을 드러냈다. 효심이 깊었던 정조는 어머니를 위해 『시경』에서 100편을 발췌한 책을 만드는 작업을 진행했다. 자신이 해야 할 일을 신하들에게 시키는 게 미안했던지 정조는 「구운몽」을 언급하며 신하들을 독려했다. "옛날에 김만중은 하룻밤 사이에 「구운몽」을 지어 자신의 어머니에게 바쳤다. 나의 경우에는 뜻을 봉양할 수 있는 길이 오직 여기에 있으니, 경들은 게을리 말고 힘쓰도록 하라."

둘 중 하나를 고르라면 정조의 손을 들어 주고 싶다. 정조의 말대로 김만중은 어머니를 위해 「구운몽」을 완성했다. 1687년 9월, 평안도 선천에서 유배 중이던 김만중은 어머니의 생신을 맞아 시를 한 편 지었다.

어머니는 멀리서 두 아들 생각에 눈물 흘리시겠지
하나는 죽어 이별 또 하나는 생이별.

죽은 아들은 김만중의 형 김만기를 말한다. 장남을 저세상으로 보낸 지 채 6개월도 못 되어 차남마저 멀고 먼 평안도로 떠나보냈으니 해평 윤씨 부인의 마음은 그야말로 만신창이가 되었을 터였다. 김만중은 어머니를 위로하기 위해 급히 소설 한 편을 창작했는데 이것이 바로 「구운몽」이다. 우리 고전 소설 중 최고의 완성도를 자랑하는

「구운몽」은 '어머니의 마음을 넉넉히 하고 슬픔을 위로하기 위해' 탄생한 것이었다. 어머니의 슬픔이 없었다면 「구운몽」은 탄생하지 않았을 수도 있다.

「구운몽」의 사례에서 보듯 김만중은 어머니를 무척 사랑했다. 아들을 사람으로 만든 건 어머니의 공이었다. 김만중은 아버지 김익겸의 얼굴도 본 적이 없는 유복자였다. 병자호란 당시 강화도를 방어하던 김익겸이 불과 23세의 나이에 순절했기 때문이다.

결혼한 지 6년 만에 과부가 된 윤씨 부인은 두 아들을 직접 가르쳤다. 명문가의 후예로 소학과 사략과 당시 등에 대한 조예가 깊었기에 가능한 일이었다. 김만중은 어머니를 자애로운 사람이라고 에둘러 표현했지만, 여러 일화를 살펴보면 자모보다는 맹모 쪽에 더 가까워 보인다. 윤씨 부인은 두 아들에게 수시로 "재주와 학문이 반드시 남보다 뛰어나서 꼭 일등이 되어야 한다"라고 압박을 가했으며, 두 아들이 공부를 조금만 게을리하면 곧바로 회초리를 잡고 때리면서 "너희 하는 꼴이 이 모양이면 지하에서 아버지의 얼굴을 어찌 뵐 수 있겠느냐? 공부도 안 하고 살려면 차라리 죽는 게 낫다"라는 매서운 말을 내뱉었다. 윤씨 부인은 책을 구하는 데에도 억척 부인의 솜씨를 발

휘했다. 곡식을 팔아서 『맹자』와 『중용』 같은 경서를 구했고, 명주를 짜서 『춘추좌씨전』을 사들였다. 책을 살 돈이 부족해지자, 책을 가진 관리 집에 직접 찾아가 『논어』, 『대학』, 『시경』 등을 빌려 와 직접 베껴 쓰기도 했다. 평생 검은 옷 한 벌만 입으며 맛난 음식도 거부했던 윤씨 부인은 다행히도 합당한 보상을 받았다. 두 아들 모두 크게 성공했던 것! 장남인 김만기는 병조판서와 대제학을 지냈고 차남인 김만중은 공조판서와 대제학을 지냈으니 두 아들을 직접 가르친 어머니에게 이보다 더 큰 선물은 없었다.

오르막길이 있으면 내리막길이 있는 법, 성취가 드높았던 만큼 내리막길 또한 가팔랐다. 김만기는 55세의 나이로 어머니보다 먼저 세상을 떠났고, 김만중은 당쟁의 와중에 생의 말년 대부분을 유배지에서 보냈다. 윤씨 부인은 김만중이 남해에서 유배 생활을 하던 1690년 세상을 떠났다. 어머니의 임종도 볼 수 없었던 김만중은 자신이 지은 불효의 죄는 '목을 가르고 배를 가른다 해도 귀신조차 용서할 수 없을 것'이라고 오열한다. 김만중과 어머니의 삶을 살펴볼 때 우리는 어쩔 수 없이 연보에 나온 표현을 인용하지 않을 수 없다.

「구운몽」을 지은 뜻은 일체의 부귀영화가 모두 꿈이며 허깨비라는 것이다.

우환이 세상을 점령하고 있다. 카뮈의 『페스트』나 사라마구의 『눈먼 자들의 도시』가 먼저 떠오른다. 인생의 기쁨과 슬픔을 다룬 「구운몽」을 읽는 밤도 나쁘지는 않으리라.

13. 빨래

시 : 「당신의 이름을 지어다가 며칠은 먹었다」 박준

노래 : 「영원히」 신해철

대학을 나와 집안 사람들 중 그 누구도 환영하지 않던 작가의 길을 걷던 호손은 결국 세관에 취직해 공무원이 된다. '악마가 주는 보수'에 한편으로서는 만족하면서도 다른 한편으로는 이렇게 생각한다. 「세관」이라는 제목의 글이다.

점심시간이 하루의 중심이 되고 그 나머지 시간은 늙어 비틀어진 개처럼 햇볕이나 그늘에서 잠을 자면서 보내는 것이 아닐까? 자신의 재능과 감수성을 두루 이용하면서 살아가는 것이야말로 가장 훌륭한 행복이라고 정의 내린 사람한테 이것은 얼마나 황량한 전망이란 말인가!

다행인지 불행인지 호손은 세관에서 잘리게 되고 그해(1849년) 9월부터 다음해 3월까지 소설 한 편을 완성하는데 그 소설이 바로 『주홍글자』다. 호손은 내심 '대박'을 기대했지만 대중의 반응은 그저 그랬다. 호손이 죽을 때까지 총 7,800부가 팔렸다고 하니 그걸로 먹고살기를 기대하기보다는 나무에서 물고기가 떨어지기를 바라는 편이 훨씬 더 현실적이었을 것이다.

불행 중 다행인 점은 미래의 대작가 한 명이 호손의 소설을 열광적으로 좋아했다는 사실이다. 그 사람은 바로 멜빌이다. 멜빌은 호손에 대한 평론에서 그를 '어둠의 위대한 힘에 사로잡힌 인정받지 못한 천재'로 추켜세웠다. 그즈음 멜빌은 소설 한 편을 쓰고 있었는데 1851년 완성해 호손의 인정을 받은 그 소설은 멜빌이 죽을 때까지 총 3,715부가 팔렸다. 소설의 제목은 바로 『모비 딕』이다.

작가를 꿈꾸던 25세 청년 존 파울즈는 1951년 5월 12일 일기(『나의 마지막 장편소설』이라는 제목의 책으로 나와 있다)에서 자신의 미래에 대한 비관적인 전망을 내놓았다.

스물다섯인데도 감히 출판할 만한 것을 창작하지 못했다. 써 놓은 것들은 모두 파생적인 것, 기법이나 내용에 문제가 있는 것들뿐이다. 나는 내가 뭐가 되고 싶은지 잘 모른다. 나의 다양한 야망과 감정을 잘 조화시키는 사람이 될 것 같지도 않다. 하지만 시간은 사정없이 흘러가고 있다. 곧 돈이 떨어질 터이고 직장을 찾아야 할 것이다. 창작하고 있는 그 순간조차 내가 창작해 놓은 모든 것으로부터 멀어지고 있음을 느낀다.

그해 9월 14일의 일기는 더 절망적이다.

나는 직장을 잡아야 한다. 그런데 죽치고 앉아 기적이 벌어지기만을 바라고 있다. 나의 꿈은 점점 더 현실로부터 멀어지고 있다.

결국 존 파울즈는 그리스의 어느 학교에서 영어를 가르치는 길을 선택한다. 귀국한 후엔 영국의 대학에 취직한다. 1960년 존 파울즈는 한 달 만에 소설 한 편을 완성한다. 거의 3년 동안 붙잡고 있다가 세상에 내놓은 소설의 제목은 『컬렉터』다. 열린책 출판사의 작가소개에 따르면 『컬렉터』는 '대담한 주제와 독창적인 서술 방식으로 국제적인 명성을 작가에게 안겨 주었다.'

1960년대 중반 어느 주말 레이몬드 카버는 빨래방에 있었다. 아내가 웨이트리스로 일하고 있었기에 두 아이의 육아와 빨래는 그의 몫이었다. 빨래방은 붐볐다. 삼십 분 정도 기다린 카버는 점점 초조해졌다. 마침내 건조기 한 대가 멈췄다. 주인이 다가와 빨래를 가져가면 건조기는 카버의 차지가 될 터였다. 빨래의 주인은 건조기를 연 후 다시 뚜껑을 닫더니 새로 동전을 넣었다. 빨래가 아직 덜 말랐다고 판단한 것이다. 그때의 당혹스러운 심정을 카버는 이렇게 썼다.

나는 작가라면 토요일을 빨래방에서 허비하지 않으며, 아이들의 요구와 변덕에 전전긍긍하며 귀중한 시간을 쓰지 않으리라는 것을 알았다. 안다, 알아. 감금, 실명, 고문이나 이런저런 형태를 띤 생명의 위협처럼 창작활동에 훨씬 더 심

각한 방해를 받는 작가들이 많이 있다는 걸 말이다. 하지만 그걸 안다고 해도 아무런 위로도 되지 않았다. 그 순간 – 맹세하건대, 이 모든 일이 그 빨래방에서 일어났다 – 나는 앞으로 이런 책임과 당혹스러움 속에서 살아야 할 뿐 별다른 변화가 없으리라는 것을 알았다. 상황이 변할 수는 있겠지만, 절대로 더 좋아지지는 않을 터였다.

카버의 예상대로 그의 삶은 더 좋아지지는 않았다. 그는 가족을 먹여 살리기 위해 잡역부와 배달 일을 했고 주유소에서 기름을 넣는 일을 했고, 낮에는 튤립을 깎고 밤에는 레스토랑 청소를 했다. 그 어려웠던 시기 동안 카버는 '마구잡이로' 글을 썼다. 1971년, 더 좋아지지는 않을 것이라던 그의 예상에 어긋나는 일이 일어났다. 『에스콰이어』 잡지가 그의 소설을 산 것이다. 헤밍웨이와 피츠제럴드의 소설을 실었던 잡지였다. 카버는 자신이 아는 모든 이들에게 그 사실을 알렸다. 1988년 카버가 사망했을 때 영국의 타임즈는 카버를 '미국의 체호프'로 평가했다.

아하, 때로 꿈은 이뤄지기도 하나 보다. 우선은 빨래부터 해야겠다.

14. 가방

시 : 「양 떼를 지키는 사람」 알베르투 카에이루(혹은 페르난두 페소아)

노래 : 「난 왜 가방에서 낙엽이 나올까」 가을방학

사신들의 눈길이 연암 박지원의 가방(보따리)에 쏠렸다. 가방이 커져도 너무 커졌기 때문이다. 박지원은 청나라 황제가 여름 동안 머무는 열하에 다녀온 길이었다. 모두 다 떠날 수 없어 북경에 머물렀던 잔류파 사신들은 박지원의 엄청난 가방을 보고 황제에게 대단한 선물을 받았 거니 추측을 했다. 쇼맨십에 있어서 당대 최고의 달인이 었던 박지원은 깊은 밤 자신의 방에서 사신들을 관객 삼 아 가방 오픈 행사를 개최했다. 불꽃처럼 타올랐던 궁금 증은 곧바로 재와 실망으로 바뀌었다. 가방에서 나온 건 붓과 벼루, 수만 장에 이르는 필담의 초고와 유람하면서 쓴 수천 장의 일기뿐이었던 것. 저 인간에게 또 당했네, 사신들이 속으로 한숨을 쉬고 쓴맛을 조용히 삼키는 동 안 언제나 솔직한 하인 장복은 이렇게 투덜거린다. 이게 다 뭐람? 특별 상금은 도대체 어디에 있는 거야?

우리는 장복이 물었던 그 특별 상금이 가방 어느 곳에 있 었는지 알고 있다. 초고와 일기가 바로 특별 상금이었던 것. 예수가 물을 포도주로 변하게 만들었듯 박지원은 그 초고와 일기를 『열하일기』로 바꾸었으니.

1880년 톨스토이는 자신의 집을 방문한 투르게네프에게 가방 하나를 보여 주었고, 그 가방에서 책과 문서를 꺼 내 직접 읽어 주었다. 훌륭한 소설가이자 뛰어난 평론가 라고 자임했던 투르게네프는 자신이 듣는 것을 전혀 이해 할 수 없었다. 톨스토이가 읽는 것은 '온갖 신비주의적 윤 리와 사이비 해석으로 가득 찬' 하나의 거대한 악몽이었다. 물러설 줄 모르는 투르게네프는 세상에 해악을 끼치는 잘못된 것들이라고 솔직하게 소감을 밝혔고, 역시 퇴각이란 단어를 모르는 톨스토이는 '이것들이야말로 세상에서 유일하게 제대로 된 것들'이라는 말로 응대했다. 심란한 마음으로 귀가한 투르게네프는 자신이 본 가방에 대해 이렇게 썼다.

나는 그가 문학에서 아예 손을 떼어 버렸다는 느낌을 받았다. 다시 문학으로 돌아온다고 해도 이제는 저 가방 안에 든 것이 그 내용을 채우리라는 인상을 받았다.

투르게네프의 인상은 정확했다. 톨스토이는 문학에서 손을 떼어 버리지는 않았으나 예전의 문학으로 결코 돌아가지 않았다. 1880년 이전의 작품인 『안나 카레니나』와 이후의 작품인 『부활』의 차이를 생각해 보면 가방이 수행한 역할을 짐작할 수 있을 것이다. 단순화해서 말하자면 이렇다. 가방이 사람을 바꿨다. 인간 내면에 귀를 기울였던 소설가는 가방 안으로 들어갔고 영혼의 문제에 관심을 가진 사상가가 가방 안에서 나왔던 것. 사람에 따라 다르겠지만 내가 좋아하는 톨스토이는 단연 소설가 쪽이다.

또 다시 페소아를 호출한다. 가방을 말하면서 페소아를 빼놓을 수는 없다. 포르투갈의 리스본에는 페소아 박물관이 있고 그 박물관엔 페소아의 방이 있고, 그 방엔 페소아의 가방(트렁크)이 있다. 글에 대한 심각한 결벽증이 있었던 페소아는 이 가방 안에 스스로의 검열을 통과하지 못한 미발표 원고들을 모두 모아 놓았는데 그 숫자는 대략 종이 3만 장에 달한다. 페소아 사후 그를 세계적인 문학가로 만들어 준 『불안의 책』은 바로 이 원고들을 정리하는 과정에서 나온 것이다. 예민하거나 눈치 빠른 이들이라면 곧바로 질문을 던질 터. 그렇다면 『불안의 책』은 페소아가 한 권의 책으로 만들겠다고 작정하고 쓴 책일까, 연구자들이 한 권의 책으로 만들기 위해 편집한 책일까?

『불안의 책』은 흩어진 원고 뭉치 상태로 발견되었으므로, 원고의 주인은 페소아이므로, 페소아가 쓴 책이라 말할 수도 있겠다. 『불안의 책』에 들어갈 원고를 선별하고 목차와 순서를 정한 것은 연구자들이므로(페소아의 검열을 통과한 것이 아니라), 연구자들이 편집한 책들이라 말할 수도 있겠다. 우리가 아는 것은 단 하나, 『불안의 책』은 페소아가 남긴 가방 안에 이미 들어 있었다는 사실뿐.

페소아의 가방에 관한 심오하거나 사소한 에피소드 하나.

2012년 페소아의 특별 전시회를 개최하려던 박물관 측은 진품을 소장한 개인 수집가를 설득해 가방을 대여하는 데 성공했다. 하지만 진품이라는 사실을 제외하면 그 가방은 박물관이 원래부터 전시했던 가짜 가방과 조금도 다르지 않았다.(김한민이 쓴 『페소아』에서 정보를 얻었다.) 보는 이에 따라서는 가짜 가방이 더 진품 같다고 생각할 수도 있었다. 그래서 다시 한 번 묻는다. 가방이란 도대체 무엇일까?

가와카미 히로미가 쓴 『선생님의 가방』이란 소설에는 당연히 가방이 등장한다. 오마치 쓰키코는 역 앞 선술집에서 우연히 고교 시절의 국어 선생님(쓰키코는 은사나 교사가 아니라 선생님이라고 표현한다!)을 만나는데 선생님의 곁에는 선생님들이 들고 다닐 법한 낡은 가방이 있었다. 소설의 내용은 간단하다. 삼십 년 이상 나이 차이가 나는 쓰키코와 선생님은 사랑과 우정 사이를 넘나드는 교제를 나누는데, 선생님이 세상을 떠나는 것으로 사랑 내지 우정은 마무리된다. 선생님은 자신의 가방을 쓰키코에게 유품으로 남겼고, 쓰키코는 선생님 생각이 날 때면 가끔씩 가방을 열어 본다. 가방 안엔 무엇이 들었을까?

가방 안에는 텅 빈, 아무것도 없는 공간이 펼쳐져 있다. 그저 망망한 공간만이 끝없이 펼쳐져 있는 것이다.

우연히도 페소아 또한 그의 시를 빌어 가방 안에 든 것에 대해 말한 적이 있다.

사물 내면의 유일한 의미는
그것들에 내면의 의미 따위는 없다는 것뿐.

당신에겐 가방이 있는가?
당신의 가방엔 무엇이 들었을까?

15. 운명

시 : 「죽은 아내를 그리며」 박지원

노래 : 「어느 60대 노부부 이야기」 김목경

하립과 김삼의당의 인연은 차라리 운명이다. 둘은 1769년 10월 13일, 남원 서봉방에서 태어났다. 한날한시, 같은 동네에서 태어난 것. 호사가들은 결혼 전부터 둘이 알고 지냈으리라 추측하지만, 증명할 만한 자료는 없다. 18세에 결혼한 두 사람이 첫날밤에 나눈 게 공식적인 첫 기록인데 기록자는 김삼의당이다.

하립은 18세 소년답게 힘에 의존한 멘트를 날렸다. "죽을 때까지 남편 뜻을 거슬러서는 안 되는 법입니다. 설령 내가 잘못을 저지르더라도 그대는 나를 따르겠습니까?"

김삼의당은 조금의 고민도 없이 대답을 내놓았다. "당신 뜻을 거스르지는 않겠습니다만 어찌 잘못까지 그대로 따르겠습니까?"

이 문답으로 부부의 위치는 결정이 되었다. 머쓱해진 하립은 아내의 말을 경청하는 착한 남편 모드로 전환했고 김삼의당은 앞으로 해야 할 일을 차근차근 설명했다. "저는 집안을 돌볼 테니 그대는 과거에 급제해 입신양명의 꿈을 이루세요!"

요즈음 유행어로 말하면 김삼의당에게는 다 계획이 있었던 것! 하립이 군소리 없이 따랐던 건 그 또한 자신의 역할을 잘 알고 있었기 때문이다. 하립은 영의정을 지낸 하연, 김삼의당은 이름 높은 유학자 김일손의 후손이었다. 가문의 얼굴인 하연과 김일손 모두 15세기 인물이라는 사실이 중요하다. 수백 년간 침체를 거듭한 가문에 극적인 반전이 일어나지 않는다면 허울뿐인 양반의 지위가 아예 끝장난다는 뜻이었다.

짧은 신혼 생활 후 곧바로 부부의 입신양명 프로젝트가 가동되었다. 하립은 산사에 들어가 공부에 전념했고, 얼마 후에는 서울로 상경해 본격적인 과거 준비에 들어갔다. 그러나 마음이 선량하고 의지가 곧다고는 해도 갓 결혼한 신랑이었다. 아내가 그리웠던 하립은 보고 싶다는 편지를 보냈다. 남편의 진솔한 편지에 김삼의당은 이렇게 화답했다. "객지에 살면서 아내와 이별한 사람이 당신 한 명뿐이겠습니까? 그리움으로 마음이 약해진 당신이 입신양명에 매진하지 않는다면 저와 부모님의 소망은 어떻게 되는 건가요?"

하립이 또 한 번 머쓱해지는 순간이었다. 김삼의당이 매서운 훈계만을 휘두른 건 아니었다. 김삼의당은 자신의 인맥을 총동원해 남편을 도와줄 이를 소개해 주었으니 그 사람이 바로 심상규였다. 역사에 관심이 있는 이들이라면 그의 이름을 알 것이다. 심상규는 정조가 몹시 총애했던 젊은 문신이었으며 훗날 안동 김씨 세도 정치를 이끌었던 김조순과도 친분이 깊었던 인물이었다.

김삼의당은 할 수 있는 최선을 다했지만, 한 가지 놓친 것이 있었다. 심상규는 일개 시골 서생의 뒷바라지를 하기엔 지나치게 급이 높은 인물이었다. 하립에게 심상규는 하늘에서 내려온 동아줄이었으나 심상규에게 하립은 자신의 집에 찾아오는 수많은 손님 중의 하나였을 뿐이었다. 하립은 심상규에게서 이렇다 할 도움은 받지 못했고 연줄 없이 응시한 과거에 연속으로 낙방하는 신세가 된다. 의기소침해진 남편에게 김삼의당은 또 한 장의 당찬 편지를 보낸다. "당신이 이번 과거에 또 낙방한 소식을 들었습니다. 고생하셨습니다. 그래도 저는 힘이 닿는 데까지 도와 드릴 겁니다. 작년에는 머리카락을 팔았고 올봄에는 비녀를 팔았답니다!"

희생, 또 희생하는 아내 앞에서 하립은 차마 힘들다고는 말할 수 없었다. 하립은 몇 년을 더 버티다가 마침내 마지막 결단을 내렸다. 입신양명을 포기하고 시골로 들어가 농사꾼의 삶을 살기로 결정한 것. 십여 년 넘게 남편의 입신양명만을 바라며 살아왔던 김삼의당은 뭐라고 대답했을까?

기쁘게 웃으며 남편의 결정을 받아들였다고 한다. 농사를 짓다 지친 남편이 잠시 쉬는 모습을 보며 쓴 시에 김삼의당의 마음이 담겨 있다.

서울에서 10여 년 분주했던 나그네, 오늘 초당에서는 신선

처럼 앉아 있네.

이 시를 읽은 하립 또한 시로 화답했다.

구구하게 욕심내어 무엇하리, 내 몸 편안한 곳이 곧 신선의 거처인 것을.

비록 둘이 함께 세웠던 목표는 이루지 못했으나 둘의 마음은 처음과 조금도 달라지지 않았다. 역시 둘은 천생 부부였던 것!

16. 용산

시 : 「서호 풍경」 김금원

노래 : 「이 풍진 세상을 만났으니」

19세기 여인 김금원이 묘사한 용산 풍경을 보면 지금과는 아예 다른 동네 같다.

높은 누각과 층층 정자가 담장을 잇대어 늘어섰고, 조공 배와 장삿배가 줄줄이 이어지고, 말과 소가 오가고, 오리와 해

오라기가 헤엄을 즐긴다.

김금원이 용산 풍경을 마음껏 조망할 수 있었던 건 높은 언덕에 자리한 삼호정에 살았기 때문이다. 삼호정은 지상 낙원이었다. 앞에는 긴 강이 흐르고 뒤에는 푸른 언덕이 자리했다. 잘 가꾼 대나무 숲이 향긋하고 운치 있는 그늘을 제공했고, 온갖 꽃이 계절에 맞추어 피어났다. 이 아름다운 곳에 풍류가 빠질 수는 없는 일, 김금원은 친구들을 불러 시회를 열곤 했다. 모임의 이름은 당연히 삼호정 시회이겠고.

시회에 참석한 이들은 김운초, 김경산, 박죽서, 김경춘(금원의 동생)에 주인 격인 김금원까지 모두 다섯 명이었다. 김금원은 친구들을 정말로 아끼고 사랑했다. 김금원의 진심이 듬뿍 느껴지는 글을 인용한다.

우리 다섯은 서로의 마음을 알아주는 벗이다…… 꽃이 피거나 새가 울거나 구름과 안개가 끼거나 비바람이 불거나 눈이 내리거나 혹은 달이 뜨거나 아름답지 않은 순간이 없고, 즐겁지 않은 날이 없다.

도대체 어떤 사이였기에 이토록 즐거웠을까? 다행히 김금원이 남긴 글 덕분에 이들에 대해 조금 더 자세히 알 수 있다. 네 명의 친구들은 하나같이 시를 잘 지었으며 지혜롭고 박식하고 단아했다고 한다. 뻔한 설명이라고 여길 분들을 위해 조금 더 상세한 인적 사항을 첨가한다. 김운초는 안동 김씨 세도가 김이양의 소실, 김경산은 경기도 관찰사를 역임한 이정신의 소실, 박죽서와 김경춘 역시 세력 있는 양반의 소실이었다. 김금원 역시 의주부윤을 역임한 김덕희의 소실이었다.

기왕 신상을 밝힌 김에 김금원이 말하지 않은 숨겨진 공통점까지 살피기로 한다. 김운초와 김경산과 김금원은 전직 기생이었고, 박죽서와 김경춘과 김금원은 양반집 서녀였으며, 김운초와 김경산 또한 가난한 양반집 딸이었다.

정리를 해 보자. 이들 다섯 명은 모두 양반집 태생이었으나 어떤 이들은 가난 때문에, 어떤 이들은 서녀라는 신분 때문에 정상적인 여인의 길을 가지 못하다가 어느 시점에선가 양반의 소실이 된 것이다.

나는 그저 정상적인 여인의 길을 가지 못했다고만 썼다. 이들이 겪었던 어려움이 문장처럼 간단하지만은 않았을 것이다. 김금원은 14세 나이에 남장하고 전국을 유람했다. 팔자 좋네, 생각하면 오산이다. 결론부터 말하자면 김금원의 유람은 집을 나오기 전의 마지막 여행이었을 가능성이 크다. 연구에 따르면 이후 김금원은 29세 나이로 김덕희의 소실이 되기 전까지 기생으로 살았다. 김금원은 14세 때의 여행, 그리고 김덕희의 소실이 된 이후 몇 년의 삶을 자세한 기록으로 남겼다. 기생 시절에 대해서는 단 한 문장도 쓰지 않았다. 이유는 명확하다. 기억하기도 싫은 끔찍한 시기였기 때문이다.

이제 김금원이 네 명의 친구들을 아꼈던 이유를 짐작할 수 있을 것이다. 그들은 처지가 같은 사람들이었다. 다른 말로 하면 굳이 말을 하지 않아도 서로의 마음을 너무도 잘 아는 이들이었던 것! 이런 이유로 함께 모여 마음껏 시를 짓고 떠들 수 있었던 삼호정 시회는 이들에겐 세상 그 무엇보다 소중한 모임이었던 것!

모든 아름다운 것들이 그렇듯 이들이 누렸던 행복의 시간은 길지 않았다. 박죽서가 젊은 나이에 세상을 떠나고 김금원이 남편을 따라 이사를 가면서 삼호정 시회는 와해되었다. 소실들의 모임에 대한 세간의 시선이 곱지 않았음을 와해의 이유로 드는 이들도 있다. 이유야 어쨌건 이후 김금원은 네 친구와 우정을 나누며 느꼈던 연대감을 다시는 맛보지 못했을 것이다. 삼호정을 떠난 이후 김금원이 어떻게 살았는지는 알 수 없다. 나는 너무 빨리 어른이 되었던 여인 김금원이 잘 살았기만을 바란다. '아름답지 않은 순간이 없고, 즐겁지 않은 날이 없었던' 시회 시절을 양식 삼아 행복하게 생을 마감했기만을 바란다.

17. 어둠

시 : 「새벽빛」황동규

노래 : 「어둠」 방백

1795년 7월 29일, 다산 정약용은 금정역에 도착했다. 오늘
날의 청양군 화성면 용당리다. 불과 며칠 전까지 승지였
던 사람이 천주교와 연관되었다는 혐의를 받고, 하루아침
에 금정역 찰방으로 좌천되었다. 정3품에서 종7품으로 떨
어졌고, 임금을 모시는 대신 말을 돌보는 신세가 되었다.

급전직하! 초고속 지옥행 엘리베이터를 탄 것과 다를 바 없었다. 함께 일했던 관리들이 위로의 글을 보냈고, 고을 선비들이 찾아와 생각보다는 좋은 곳이라며 위로를 건넸다. 정약용은 겉으로는 괜찮다고, 어차피 인생은 오르막길과 내리막길의 연속이라며 도통한 사람처럼 받아쳤지만, 속내는 달랐다. 남인과 노론이 피 튀기며 싸우는 상황이었다. 삼십 대 초반 젊은 정약용의 정치 생명을 끊어 내는 것쯤은 노론에게는 일도 아니었다.

도무지 마음을 잡지 못하던 정약용에게 편지 한 통이 도착했다. 아버지의 친구 나주목사 이인섭의 편지였다. 이인섭은 찰방으로 임명한 건 임금께서 장차 옥으로 단련해 쓰시려는 의도라고 위로한 뒤 이렇게 썼다. '지금을 위한 계책으로는 성리학의 글을 부지런히 읽는 것이 최고라오.'

얼마 후 정약용은 이웃을 통해 『퇴계집』을 손에 넣었다. 절묘한 우연이거나 필연이었다. 퇴계야말로 조선 성리학을 대표하는 학자였으며, 남인들이 가장 존경하는 인물이었으니. 심드렁하게 『퇴계집』을 훑어보던 정약용의 눈빛이 달라졌다. 지금껏 여러 번을 읽었고 다 알고 있다고 여긴

책이었으나 상황이 달라진 까닭인지 느낌도 전과는 달랐다. 그중에서도 퇴계가 쓴 편지들이 가장 마음에 와닿았다. 퇴계는 부드럽고도 엄정한 사람이었다. 따뜻한 마음으로 사람을 대하면서도 잘못은 그냥 넘기지 않는 사람, 그러면서 자신에 대해서는 늘 반성하는 사람이었다. 정약용은 그렇지 못했다. 부드럽기보다는 똑똑한 사람이길 원했고, 엄정하기보다는 주관을 중시했고, 반성하기보다는 두드러지기를 희망했다. 생각해 보면 그러한 성향이 지금의 화를 만든 것이었다. 정약용은 결심했다. 퇴계의 편지를 읽기로. 서둘러 읽는 것이 아니라 하루에 한 통의 편지만 정성을 들여 읽기로. 그런 후 자신을 반성하는 글을 써 나가기로.

다음 날부터 정약용은 자신의 결심을 실천에 옮겼다. 사방이 아직 어두운 새벽에 눈을 뜬 정약용은 세수를 마친 후 정좌하곤 퇴계의 편지를 읽었다. 정약용은 편지의 내용을 생각하며 일과를 보았다. 틈날 때마다 머릿속으로 퇴계의 글귀를 곱씹었고, 자신이라면 어떻게 했을지를 생각했다. 그렇게 읽고 생각하기를 마친 후에는 글로 옮겨 적었다. 단순하다면 단순한 작업이었으나 효과는 놀라웠다. 정약용은 가까운 이에게 보낸 편지에 이렇게 썼다.

신기하게도 정신이 펴지고 기운이 편안해지며 뜻과 생각이 가만히 가라앉습니다…… 이 책은 사람의 병을 고치는 특효약입니다.

이쯤 해서 정약용의 반성문을 잠깐 살펴보는 게 좋겠다. 퇴계가 자신의 허술함을 한탄한다고 쓴 편지를 읽고는 이렇게 썼다.

헛된 이름이 높으면 비방이 일어나고 마침내 재앙이 생긴다. 내가 평생 총명함이 부족한데도 사람들은 기억력이 좋다고들 칭찬을 아끼지 않았다. 이런 말을 태연히 받아들이며 사람들이 속는 것을 즐기다가 능력에 맞지 않는 엄청난 요구를 받으면 재주가 드러나 옴짝달싹 못 하고 몸 둘 곳도 없을 것이다.

퇴계가 두 번 허물이 있어도 고치면 허물이 없는 것과 같다고 쓴 편지를 읽고는 이렇게 썼다.

우리는 모두 허물이 있는 사람이다. 세상을 우습게 여기고 남을 깔보는 것, 재주와 능력을 뽐내는 것, 명예를 탐내고 이익을 좋아하는 것, 남에게 베푼 걸 잊지 못하고 원한을 떨치지 못하는 것 모두 다 허물이다…… 우리의 급선무는 개과, 이 두 글자일 뿐이다.

뼈에 사무치는 글들이 많으나 내용 소개는 여기서 줄이기로 한다. 정약용은 총 33편의 편지를 읽고, 자신의 느낌, 즉 반성문을 썼다. 반성문 때문은 아니겠지만, 정약용은 12월 25일, 5개월의 금정 생활을 마감하고 서울로 돌아왔다. 기간은 짧았으나 정약용의 생각이 바뀌기에는 충분한 시간이었다.

프로젝트 그룹 방백은 어둠이라는 노래에서 부엉이를 두 번 언급한다. 깊은 밤 혼자 보는 부엉이는 무섭다. 둘이 함께 보는 부엉이는 견딜 만하다. 혼자보다 둘이 좋은 이유다.

18. 학교

시 : 「이 세상에 아이들이 없다면」 안도현

노래 : 「교실 이데아」 서태지와 아이들

다시 박제가다. 너무 자주 출연시켜 좀 미안한 마음은 든
다. 죄송합니다!

나는 글씨 쓰기를 좋아하여 언제나 입에 붓을 물고 다녔다.
측간에 가서는 모래 위에 글씨를 썼고, 어디에고 앉으면 허
공에 글씨를 썼다.

놀이의 마음으로 쓴 글씨가 과연 제대로 된 글씨이긴 했을까? 누군가의 손길이 필요한 시점이다. 그 누군가는 당연히 가족이겠고. 그렇다면 일 순위는 부모겠고.

아버지께서는 매달 종이를 내려 주셨는데 나는 날마다 종이를 잘라 책을 만들었다. 책의 폭은 손가락 두 개 크기 정도여서 두 질을 함께 놓아도 불면 날아갈 정도였다.

박제가는 종이만 언급했지만, 마음이 따뜻했던 아버지가 종이라는 물질만 제공했을 것 같지는 않다. 짧은 단어나 문장을 알려 주었을 테고, 함께 붓을 잡고 그 단어나 문장을 쓰는 법을 알려 주었을 테고, 가끔은 책을 펼쳐서 아들에게 읽도록 하고 아들이 미처 깨닫지 못했던 내용도 차근차근 설명해 주었을 것이다. 그렇지 않고서는 종이에서 책으로의 비약이 설명되지 않는다. 문학을 좋아했던 소년 박제가는 자신의 배움을 시적 비약으로 표현했던 것이다. 타고난 천성에 아버지의 교육을 더한 박제가는 어떤 소년이 되었나? 언제 읽어도 아름다운 문장이다.

키는 해가 갈수록 한 자씩 커 가고 책의 크기도 한 치씩 커

갔다.

부모만 가족인가? 어린 소녀와 소년에게는 형제와 자매가 있는 법이다. 때론 사소한 일로 다투지만, 때론 스승과 제자의 역할도 나누어서 한다. 허난설헌에게 최고의 스승은 시 쓰는 기술을 알려 준 서얼 시인 이달이 아니라, 작은오빠 허봉이었다. 어느 따뜻한 봄날 허봉은 시집간 동생 허난설헌에게 두보의 시집을 보내 주었다. 시집 뒤편에는 다음과 같은 글이 적혀 있었다.

두보의 소리가 내 누이의 손에서 다시 나오기를 바란다.

사실 허난설헌의 상황은 그다지 좋지 않았다. 남편 김성립은 허난설헌을 감당할 만한 위인이 아니었다. 허난설헌은 조선의 보통 여인처럼, 즉 시부모에게 순종하고 남편의 수발을 들며 책을 멀리하는 삶을 살기 위해 노력하는 중이었다. 어린 시절부터 여동생의 모습을 보아 온 허봉의 생각은 달랐다. 허난설헌은 시인의 자질을 타고난 사람이었다. 시를 쓸 때 가장 행복한 사람이었다. 그랬기에 두보 시집을 보내 여동생에게 다시 힘을 내라고 말한 것이었다. 그날 허난설헌은 이렇게 썼다.

언제나 다정한 오빠이지만 올해는 유난히 내게 마음을 쓰
신다. 두보를 읽어 두보 같은 시인이 되고 이 붓으로 좋은
그림을 그리라 하신다. 오빠는 내 고독한 처지가 안타까우
신가 보다.

허난설헌은 비록 요절했지만, 오늘날 조선을 대표하는 여
류 시인으로 평가를 받고 있다. 허봉의 관심과 격려가 아
니었다면 불가능했을 것이다. 허봉과 허난설헌의 이야기
가 왠지 조금 서글펐다면 정약용과 네 살 많은 형 정약전
의 이야기는 어떠한가? 일반적으로 정약용은 어려운 글
을 주로 쓴 학자로 알려졌지만, 정약용이 작심하고 쓴 글
들은 무척 쉽고 아름답다. 형과 둘이 절에 머물며 공부한
시절을 회상한 글은 명문 중의 명문이다.

아버님이 화순현감이 되신 다음 해 겨울, 나는 둘째 형님
과 동림사에 머물렀다. 둘째 형님은 『상서』를 읽고, 나는 『맹
자』를 읽었다. 첫눈이 싸라기처럼 땅을 덮었고, 계곡물은 얼
락 말락 했으며, 숲의 나무와 대나무도 모두 파랗게 얼어붙

었다. 아침저녁으로 거닐면 정신이 깨끗이 맑아졌다. 아침에 일어나면 계곡물로 양치질하고 세수하고, 공양 시간을 알리는 종이 울리면 여러 스님과 나란히 앉아 밥을 먹는다. 날이 저물어 별이 보이면 언덕에 올라 휘파람을 불고 시를 외운다. 밤이 되면 게송 외는 소리, 불경 읽는 소리를 듣다가 다시 책을 읽는다. 40여 일 동안 이처럼 공부하며 살았다.

그러나, 조선이 이미 멸망한 나라이듯 부모와 형제자매가 가르침을 베풀던 시대는 이미 지났다. 이제 우리는 교육을 받기 위해 학교에 가야 한다. 19세기 말을 살았던 소년 스티븐 디덜러스의 학교생활은 어땠을까? 모범 소년이었던 디덜러스는 안경이 깨진 바람에 글쓰기를 할 수 없었다. 학감은 디덜러스의 솔직한 말을 핑계로 여겼고 회초리로 손바닥을 때리기 시작했다. 오른손을 때린 것도 모자라 왼손을 때렸고, 그 후에는 꿇어앉게 했다. 디덜러스의 마음은 어땠을까? 제임스 조이스는 이렇게 쓴다.

미칠 정도로 강렬하고 얼얼하고 뜨거운 고통 때문에 그의 손은 오므라들었고 손바닥과 손가락은 핏기 없이 떨기만 하는 살덩이로 되어 버렸다. 그의 눈에서는 뜨거운 눈물이

쏟아졌다. 수치와 고통과 공포로 불타며 그는 겁을 먹은 채 떨리는 팔을 끌어들인 후 고통의 비명을 터뜨리고 말았다. 그의 몸은 공포로 인해 마비된 채 떨고만 있었고, 수치와 분노에 싸인 그는 목구멍에 치밀어오르는 뜨거운 울음과 화끈거리는 뺨으로 뚝뚝 흘러내리는 뜨거운 눈물을 느끼고 있었다.

흘린 눈물로만 디덜러스를 평가하지는 말기 바란다. 디덜러스는 폭력에 굴복하는 나약한 소년은 아니었다. 디덜러스는 가만히 있지 않았다. 교장실의 문을 두드렸고, 학교에서 쫓겨날지도 모른다는 공포감을 누르고 학감을 고발했다. 교장은 선한 사람이었다. 교장은 디덜러스의 말을 수긍했고 학감이 다시 폭력을 휘두르지 않도록 조치하겠다고 약속했다. 흥미로운 건 용기를 내어 잘못을 바로잡은 디덜러스의 눈에 보인 학교의 모습이다.

아이들이 크리켓 공으로 멀리 던지기라든가 커브 공 및 느린 공 던지기 등을 연습하고 있었다. 그 부드러운 잿빛 공기의 정적 속에서 그는 공이 부딪히는 소리를 들을 수 있었다. 여기저기서 조용한 공기를 뚫고 크리켓 방망이 소리가 들려왔다. 픽, 팩, 폭, 퍽. 분수대에서 철철 넘치는 낙수반 위로 물방울이 조용히 떨어지는 소리 같았다.

학교는 폭력에 노출되어 있으나 그래도 학생들이 크리켓 공을 치고, 던지는 소리가 여전히 정겹게 들리는 장소였다. 하지만 현대 작가 제발트에 이르면 학교는 전보다 훨씬 더 암울해진다.

포르토베키오는 말라리아의 공격을 끊임없이 받는 반쯤 죽은 도시였고 소금땅과 늪, 빽빽한 초록 덤불로 둘러싸여 있었습니다…… 골목길은 언제나 섬뜩한 정적에 휩싸여 있었어요. 주민 절반이 열병으로 망가져 집 안에서 죽어 가거나, 누렇게 뜬 홀쭉한 얼굴로 계단이나 문가에 앉아 있었으니까요. 학교를 다니던 우리 어린이들은 물론 이곳이 세상의 전부인 줄 알았으니, 당시 이른바 학질이라는 병 때문에 실질적으로 사람이 살 수 없는 땅이 된 이 도시에서 산다는 것이 얼마나 절망적인지 전혀 알 수 없었습니다. 우리는 더 행복한 지역의 어린이들과 마찬가지로 셈과 쓰기를 배우고 나폴레옹 황제의 흥망성쇠에 대한 이런저런 일화를 배웠어요.

코로나 시대 이전이었다면 어디인지도 모르는 포르토베키오에서 일어난 일은 우리와는 무관하다고 여겼을 것이다. 이제 우리는 다시는 그렇게 생각할 수 없다. 제발트의 글은 어떤 의미에서는 우리의 도시, 우리의 학교에 대한 정확한 보고문이다. 지금도 학교는 열려 있고, 학생들은 학교에서 배우지만, 일말의 의구심이 생겨나는 건 도저히 막을 수가 없다.

학교란 도대체 무엇인가? 우리는 무엇을 공부하고 있는 것인가?

우리는 도대체 박제가의 시대로부터 얼마나 멀리 온 것일까?

우리는 과연 박제가보다 훨씬 더 풍요로운 교육을 우리의 가정과 학교로부터 받고 있기는 한 걸까?

우리는 진보했는가?

19. 소신

시 : 「당신 생각」 김태형

노래 : 「사람들은 모두 변하나 봐」 봄여름가을겨울

이광좌와 최창대와 박태한은 가까운 벗들이었다. 세 사람 모두 똑똑했고, 진지했고, 무엇보다도 젊었다. 그랬기에 과거에 급제해서 관원이 되면 함께 면신례를 거부하자고 손가락을 걸고 약속했다. 면신례, 즉 신참 관원 신고식은 조선 시대 내내 논란이 끊이지 않았던 풍습이었다. 정약용이 판서 권엄에게 보낸 편지를 보면 우리는 면신례가 어떤 식으로 이루어졌는지 알 수 있다.

얼굴에 먹물을 칠하고 앞뒤로 왔다, 갔다 하는 것은 대수롭지 않습니다. 하지만 하늘을 쳐다보며 크게 웃거나 절름발이 걸음으로 게를 집는 흉내를 내거나 부엉이 울음을 따라서 하는 것은 받아들이기 어렵습니다.

집단의 일원이 된 것을 환영한다는 의미로 너그럽게 받아들일 수도 있겠으나 당사자에게 모욕을 주는 방식이 꼭 옳게만 보이지는 않는다. 그랬기에 기대승, 이이, 정약용 같은 대학자들이 면신례를 비판하는 글을 남겼던 것일 터. 하지만 비판은 비판이고, 다짐은 다짐이고, 막상 당사자인 신참 관원으로서 이 오래된 풍습을 거부하기는 쉽지 않다. 첫날부터 선배들에게 반기를 드는 셈이니 이후의 어려움을 자청하는 것이나 마찬가지이다. 왕따로 가는 지름길을 예약한 셈이라고나 할까? 게다가 세 사람은 소수 정파인 소론 소속이었다. 거대 여당 노론에게 밀려서 가뜩이나 어려운 판에 문제까지 일으켜서 좋을 것은 전혀 없다. 그랬기에 소론의 지도자들은 이들의 마음을 돌리려고 애를 썼다.

흥미로운 건 이 세 사람에 대한 설득 방식이다. 이항복의 현손으로 불과 21세의 나이에 장원 급제의 영광을 안은 기대주 이광좌에게는 남구만, 최석정 등 소론의 거두들이 직접 나섰다. 하지만 천재들이 대부분 그렇듯 이광좌는 꿈쩍도 하지 않았으며 도리어 왜 잘못된 풍습을 후배들에게 강요하냐면서 정승 남구만에게 역습을 가했다. 장기적인 측면에서 시속을 따르자는 최석정의 부드러운 권유도 역시 이광좌에게는 먹히지 않았다. 반면, 박태한에 대해서는 아예 손을 놓았다. 박태한에 대한 기대가 없어서가 아니다. 좋게 말하면 소신이 강하고 나쁘게 말하면 고집이 세기로 유명한 박태한이 선배들의 말을 들을 리가 없다고 여겼기 때문이다. 그렇다면 최창대에게는 어떤 방법을 썼을까? 결론부터 말하면 아무런 조치도 취하지 않았다. 최창대가 면신례에 거부하는 일은 없으리라고 다들 속으로 생각하고 있었기 때문이다. 왜? 심성이 고운 최창대가, 최명길의 증손자인 최창대가 아버지 최석정의 뜻을 거부할 리는 없다고 여겼기 때문이다. 결국 셋의 다짐은 지켜지지 않았다. 이광좌와 박태한은 불참했고, 아버지와 가문의 명성에 맞서지 못한 최창대만이 면신례에 참석했다.

면신례에 대한 뜻이 달랐듯 세 사람의 인생도 확연히 달랐다. 천재 이광좌는 승승장구했다. 사헌부헌납, 이조좌랑 등의 청요직을 거친 이광좌는 소론의 영수가 되어 활약했다. 소론의 전성기였던 경종 시대는 물론이고, 친 노론인 영조가 임금이 된 후에도 탕평책을 제안해 노론과 소론의 연립 정권을 세우는 데 크게 기여했다. 여러 차례 영의정에 오른 건 그의 정치적 입지를 생각하면 당연한 일이었다. 최창대 또한 성공적인 일생을 살았다. 부제학, 대사성을 역임했고 암행어사로도 훌륭한 실적을 거두었다. 글씨와 문장으로도 이름이 높았다. 박태한은 좀 달랐다. 승문원정자가 최고 벼슬이었던 그는 관리로 있으면서도 당파 싸움에 거리를 두었고 면신례에 대해서는 비판적인 관점을 유지했다. 하지만 박태한은 34세의 이른 나이에 세상을 떠나고 말았다. 관리가 된 지 불과 4년 만이었다. 그의 죽음에 대해 사관은 다음과 같이 기록했다.

이광좌, 최창대 같은 이도 모두 공경하고 아끼면서 크게 받

아들여지기를 기대하였으며, 선배들도 그의 지혜와 사려를 칭찬했다.

흥미로운 여담이 하나 남아 있다. 최창대는 벗들과의 약속을 지키지 못한 것에 대해 늘 미안하게 여겼고, 마침내 박태한에게 다음과 같은 사과의 편지를 써서 보냈다.

귀신같은 행동을 면하지 못했습니다. 남들과 함께 장난치고 조롱했으니 한심합니다. 함께 행동하지 못한 것에 대해 진심으로 미안하게 생각합니다.

이 편지에 대한 박태한의 답이 그야말로 걸작이다.

남들 따라 생각 없이 행동하는 것, 세상에서 제대로 망하는 훌륭한 방법입니다.

20. 나무

시 : 「산방」 조지훈

노래 : 「너의 목소리가 들려」 델리 스파이스

『삼국유사』에는 2인조로 도를 닦는 수행자들의 이야기가 여럿 나온다. 가장 유명한 이들은 도저히 잊을 수 없는 이름을 가진 노힐부득과 달달박박일 것이고, 깨달음을 얻어 서방정토로 훨훨 날아갔다는 광덕과 엄장이 그다음일 것이다. 이 두 이야기에는 공통점이 있다. 경쟁하듯 도를 닦았다는 것, 수행을 시험하는 여성이 등장한다는 것, 둘 중 한 사람은 실수를 범한 후 반성하는 요소가 들어 있다는 것이다. 기승전결과 교훈, 그리고 재미가 확실한 이야기들이다.

이제 소개하려는 관기와 도성 2인조는 앞의 이야기들과 비교하면 간단하고, 심심하고, 밋밋하다. 관기와 도성 두 사람이 포산(경북 현풍의 비슬산)에 숨어 살며 도를 닦다가 성불했다는 것이다. 서로 경쟁했다는 내용도 없고, 수행에 어려움을 겪었다는 설명도 없다. 여성은 당연히 등장하지 않는다. 다른 말로 하면 두 사람은 원래부터 성불할 운명을 타고난 것처럼 능숙하게 도를 닦다가 때가 되니 자연스럽게 하늘로 올라갔다는 것이다. 일연 스님은 두 사람을 소개하는 첫 문장부터 성사聖師라는 표현을 쓰고 있다. 성스러운 스승이라는 뜻이다. 그러고 보니 관기와 도성이라는 이름부터 범상치가 않다. 관기觀機는 하늘의 기미를 본다는 뜻이며, 도성道成은 도를 이룬다는 뜻이다. 괜히 허탈해진다. 그러니까 두 사람은 수행 계의 금수저들이었던 셈이다. 진흙밭을 구르다가 어렵사리 깨달음을 얻는 부류와는 태생부터 다른 존재였던 셈이다.

난감하다. 일연 스님은 어쩌자고 모든 게 완벽한 이 두 사람의 이야기를 『삼국유사』에 실었을까? 재미도 없는 이 이야기에 그나마 교훈이라 부를 만한 요소는 있는 걸까? 투덜대면서 이야기를 계속 읽어 나가면 우리를 허탈하게 만드는 일화가 또 하나 등장한다. 관기는 남쪽 고개에 암자를 지었고, 도성은 10리가량 떨어진 북쪽 굴에 살았다. 달이 뜨면 구름길을 헤치고 휘파람을 불면서 왕래했다고 한다. 두 사람은 상대가 올 것을 정확히 알았다. 핸드폰도 없던 시대였는데 무슨 방법을 쓴 것일까? 대자연의 협조 덕분이었다. 북쪽 굴에 사는 도성이 관기를 떠올리면, 산속의 나무들이 모두 남쪽을 향했다. 남쪽 고개의 암자에 사는 관기가 도성을 떠올리면, 산속의 나무들은 이번에는 모두 북쪽을 향했다. 그러므로 관기와 도성은 나무들의 방향을 보고 상대방을 찾아가면 되었다. 핸드폰은 없었지만, 그보다 성능이 뛰어난 텔레파시가 있었다!

처음 이 이야기를 읽었을 때는 별 감흥이 없었다. 나와 무관한 금수저들의 이야기로 치부했다. 두 번째는 달랐다. 문득 머릿속에 질문 하나가 떠올랐다. 모든 게 완벽한 이 두 사람은 왜 서로를 보고 싶어 했을까?

이 질문을 가슴에 품고 보니 이야기의 느낌이 달라졌다. 두 사람은 외로웠다. 세상 인연을 다 끊어 버리고 수행에 온 정성을 바쳤지만, 그래도 외롭고 힘들었다. 10리 떨어진 곳에 자리 잡은 것이 증거다. 두 사람이 완벽한 수행자라면 굳이 멀리 떨어져 있을 이유가 없다. 가까이 있으면 수행에 지장이 있을까 봐 10리의 거리를 둔 것이다. 달이 뜬 깊은 밤, 굳이 상대방을 찾아간 이유는 또 무엇인가? 답은 하나, 보고 싶었기 때문이다. 보고 싶어, 이야기를 나누고 싶어 견딜 수가 없었기 때문이다. 둘은 결코 완벽한 수행자, 타고난 금수저가 아니었다. 도를 닦다 벽에 부딪히고 벗을 만나 그 마음을 나누고 싶었던, 다른 말로 하면 우리와 별로 다를 게 없는 이들이었다. 이야기의 마지막도 묘하다. 도성이 바위 사이에서 몸을 빼내 온몸을 하늘로 날리며 떠난 지 얼마 후에 관기도 뒤를 따랐다고 한다. 떠난 장소에는 두 성사의 이름을 가져다 붙였다는데, 정작 일연 스님은 도성암만 언급했다. 그러니 둘의 깨달음에도 약간의 시차는 분명 있었던 셈이다. 달리 말하면 겉으로 보기엔 밋밋했던 둘의 이야기에는 앞서 소개한 두 쌍만큼의 뜨거운 사연이 숨어 있었던 셈이다.

물론 이는 전적으로 내 오독일 수도 있겠다. 그러나 지금의 나는 왠지 이 이야기를 내 마음대로 읽고 싶어진다. 둘의 깨달음보다는 우정에 더 공감하면서. 마지막으로 일연 스님이 붙인 시를 소개한다.

달빛은 밝고 서로를 찾아 세상을 희롱하던 두 노인의 풍류는 벌써 오래전의 일
안개 낀 골짜기에 남은 건 고목, 찬 그림자 누웠다 일어났다 아직도 둘을 맞이하는 듯.

21. 진눈깨비

시 : 「진눈깨비」 기형도

노래 : 「진눈깨비」 조동진

회사에 다니면서 본격적으로 글을 쓰기 시작했다. 회사가 재미있었더라면 결코 글 같은 건 쓰지 않았을 것이다. 회사는 지루했다. 남들이 부러워하는 초일류기업이었으나 내겐 너무 지루했다. 박차고 나오는 방법도 있었을 것이다. 내겐 용기도 없었다. 이리저리 머리를 굴린 끝에 택한

게 글쓰기였다. 글을 쓰면 그럭저럭 회사를 즐겁게 다닐 수 있을 것 같았다. 그러므로 글쓰기는 지루한 회사 생활을 극복하기 위한 나만의 비책이었던 셈이다.

근무 시간에 글을 쓸 수는 없는 일이었다. 세상엔 직업윤리라는 게 있으니까. 글을 쓰겠다고 다짐한 다음 날부터 나는 아침 일찍 출근을 했다. 시도는 좋았으나 작은 문제가 하나 있었다. 사무실에 제일 먼저 출근해 컴퓨터 앞에 앉기는 했는데, 두 눈을 부릅뜨고 자판에 손을 얹기는 했는데, 도대체 뭘 써야 하는 건지 알 수가 없었던 것이다. 손은 무겁고 눈은 아프고 머리는 멍했다. 이유는 명확했다. 나는 제대로 된 글을 써 본 경험이 없었다. 언젠가 한번 글을 써 보겠다는 마음만 갖고 있었을 뿐 실제로 글을 써 본 경험은 거의 없었다. 하나뿐인 에이스 카드를 꺼내 들었는데 시작부터 난관에 봉착한 것이었다.

며칠 동안 고민만 하며 아까운 시간을 허비했다. 그때 느꼈던 감정은 이렇다. 나는 화가 났다. 아침잠도 포기한 채 일찌감치 출근했는데 고작 얻은 소득이라곤 내가 얼마나 한심한 인간인지 다시 한 번 깨달은 것뿐이었으니. 화는 자기 비하로 이어졌다. '대학을 졸업하면서 참 많은 각오를 했었다.' 불과 몇 년 사이 그 많던 각오들은 티끌이 되어 사라지고 나는 이도저도 아닌 애매한 인간이 되어 버린 것이다. 자기 비하는 뜻밖의 결실을 이끌어 냈다. 잊고 살았던 친구의 이름 하나가 머리에 떠올랐던 것. 그 이름이 떠오른 순간 스스로에게 욕을 한 바가지 퍼부었다. 어떻게 그 이름을 잊고 살았을까?

앞서 썼던 문장을 수정해야겠다. 사실 나는 대학에 다닐 때에도 글을 썼다. 소설 비슷한 글들을 썼다. 그 글들의 주인공은 늘 똑같았다. 회사 입사와 함께 기억에서 삭제되었던 바로 그 친구였다. 나는 그 친구를 주인공으로 삼은 소설을 쓰고 또 썼다. 아니, 앞서 썼던 문장을 수정할 필요는 없겠다. 대학 시절 썼던 소설 비슷한 글들 중 완성된 것은 하나도 없었다. 시작한 글은 많았으나 끝낸 글은 전혀 없었다.(혹은 전혀 없었다고 생각한다. 그 시절 썼던 글은 단 한 줄도 남아 있지 않으므로 확인할 길은 없다.) 이제 그 친구를 말해야겠다. 중학교에 입학하기 직전 겨울방학에 나는 그 친구를 학원에서 처음 만났다. 학원의 인연은 학교로 이어졌다. 우리는 같은 중학교에 배정받았고 같은 반이 되었다. 그 친구와 내가 둘도 없는 사이가 된 계기가 있다. 그 당시 중학교 담임은 우리들에게 앉을 자리와 짝꿍 선택의 자유를 부여했다. 방법은 간단했다. 시험에서 일등을 차지한 아이가 자기가 원하는 자리를 골라 앉는 것이다. 그 다음은 이등, 그 다음은 삼등…… 성적이 나쁠수록 원하는 자리에 앉을 수 있는 확률은 줄 어들며, 당연한 소리겠지만 꼴등을 한 아이에게는 선택 의 여지가 전혀 없다. 당연한 소리를 한 번 더 하자면 짝 꿍 선택은 자리와는 무관하다. 짝꿍을 하고 싶은 아이들 끼리는 사전에 이야기가 이미 오고 갔을 테니 둘 중 성적 이 좋은 한 명이 먼저 자리를 골라 앉으면 나머지 한 명 은 그 옆자리를 채우면 되는 것이다. 시험 결과가 발표되 었을 때, 즉 새로운 자리와 짝꿍을 고르는 거사 일이 코 앞에 다가왔을 때 그 친구는 내게 다가와 이렇게 말했다. 우리 이번엔 같이 앉자.

내가 단번에 수락했던 것을 보면 아마도 나는 그 친구에 게 상당한 호감을 갖고 있었던 것 같다. 문제는 거사 당일 에 일어났다. 원래 짝꿍이었던 아이가 아무 말 안 하고 있 다가 그날이 되어서야 자기와 함께 앉자고 사정사정을 하 는 것이었다. 지금도 그렇지만 그때도 나는 우유부단했다.

누군가 내게 부탁을 해 오면 웬만해서는 거절을 못 한다. 간절한 눈길로 부탁하는 아이를 모른 체할 수는 없었다. 다른 아이도 아닌 몇 달 동안 함께 앉았던 사이였으니까. 나는 그러겠노라고 했다. 두 명의 아이들보다 성적이 좋았던 나는 앞에서 세 번째 자리를 골라서 앉았다. 먼저 약속했던 그 친구가 옆자리에 앉으려고 했을 때 나는 고개를 저어 거절의 뜻을 전했다. 아, 그때 그 친구의 얼굴은 지금도 잊을 수 없다. 우윳빛 피부에 큰 눈을 가졌던 그 친구는 처음엔 입을 크게 벌려 놀라움의 감정을 표출했고 그 다음엔 눈을 가늘게 뜨고 나를 노려봄으로써 실망의 감정을 드러냈다. 결국 그 친구는 전과 마찬가지로 내 앞자리를 골라 앉았다.

이상한 것은 그 사건 이후로 그 친구와 내가 절친한 사이가 되었다는 것이다. 이전까지는 호감 정도를 가진 정도였는데 그 일 이후로 매일 같이 붙어 다니는 사이가 된 것이다. 그 친구가 내게 먼저 손을 내밀었다는 것, 그 친구를 놀라게 하고 실망하게 한 것에 대한 미안함이 상호작용을 한 결과라고 생각한다. 어쨌든 우리는 그 뒤로는 잘 지냈다. 아주 잘 지냈다. 2학년이 되어 반이 갈릴 때까지.

그 친구와 나는 3학년 때 다시 같은 반이 되었다. 그러나 우리 사이는 예전 같지 않았다. 일 년의 공백은 우리를 다시 서먹하게 만들어 버렸다. 우리가 친밀함을 유지하기 위한 노력을 하지 않았던 것은 아니었다. 2학년이 된 우리는 서로의 반을 매일같이 드나들며 친목을 다졌다. 한두 달이 지나자 매일은 이삼 일로 바뀌었고, 다시 한두 달이 지나자 복도에서 마주치면 걸음을 멈추고 이야기를 나누는 사이가 되었고, 다시 한두 달이 지나자 빙긋 웃거나 손을 들어 알은체하는 것으로 인사를 대신하는 사이가 되었다. 그건 누구의 잘못도 아니었다. 그때 우린 그저 소년들이었으니까. 새로 사귄 친구가 옛 친구보다 훨씬 가깝게 느껴질 때였으니까.

일 년의 공백 말고 또 다른 이유도 있었다. 그 친구는 예전의 그가 아니었다. 공부도 잘하고 어린애처럼 천진난만하고 다정다감했던 그 친구가 어느새 학교 어깨 중 한 명으로 바뀌어 있었던 것이다. 계급장에 비유하자면 가히 대장급이었다. 반 아이들은 그 친구를 무서워했다. 눈빛조차 마주치지 않으려 고개를 숙였다. 나는 그러지 않았다. 그 친구와 눈이 마주치면 고개를 끄덕이거나 다가가 어깨를 툭 치거나 말도 걸었다. 그 친구는 그런 나를 고깝게 보기는커녕 자연스럽게 대해 주었다. 옛 친구에 대한 일종의 예의였을 것이다. 우리는 그런 상태로 3학년을 보냈다. 나도 더 나아가지 않았고 그 친구도 내게 손을 내밀지 않았다. 3학년도 다 끝나가던 12월 어느 날 그 친구는 학교에 나타나지 않았다. 다음 날 아침 담임은 무거운 목소리로 그 친구가 스스로 목숨을 끊었다는 사실을 알렸다.

나는 그 친구에 대한 소설을 쓰기로 마음을 먹었다. 며칠 더 고민한 끝에 내가 쓴 첫 문장은 이렇다.(혹은 이렇게 추정된다. 이 소설 또한 세월을 견디지 못하고 어디론가 사라져 버렸으므로.)
진눈깨비 내리는 저녁이었다.

진눈깨비로 문장을 시작한 이유는 간단하다. 그 시절 나는 기형도를 읽고 있었고, 조동진을 듣고 있었던 것이다. 실제의 나는 꽤나 단순한 인간이다.

나는 꽤 오랜 시간이 지난 후에야 비로소 그 친구에 대한 이야기가 담긴 책을 내게 되었다. 그 책의 제목은 『우정

지속의 법칙』이다. 물론『우정 지속의 법칙』에 나오는 친구
와 실제의 그 친구가 정확히 일치하지는 않는다.『우정 지
속의 법칙』에 화자로 등장하는 작가가 실제의 나와 정확
히 일치하지 않는 것처럼. 한 가지만은 확실하다. 그 친구
가 없었더라면 나는『우정 지속의 법칙』은 결코 쓰지 않
았을 것이다. 책의 한 대목을 소개한다.

내 친구는 오래전에 스스로 목숨을 끊었습니다. 나와 친구
의 우정은 그것으로 끝났습니다. 하지만 그것은 끝이 아니
었습니다. 친구는 내 인생 내내 나와 함께하며 내가 가야
할 길을 알려 주었습니다. 오늘날 내가 얼치기 작가라도 된
것은 어쩌면 친구 덕분인지도 모릅니다. 여태껏 나는 그 사
실을 몰랐습니다. 이제 나는 친구 덕분에 지금의 내가 있다
고 믿습니다.

22. 야구

시 : 「야구, 혹은 마약」 성미정

노래 : 「Infield Fly」 달빛요정역전만루홈런

선생이 내게 물었다. 야구를 왜 좋아하니?

성경 공부 중이었다. 도대체 어떤 맥락에서 야구 이야기가 나왔는지는 전혀 기억나지 않는다. 답 못하고 주춤거렸던 기억은 선명하다. 늘 야구를 생각하고 살았기에 몇 가지 정도는 쉽게 대답할 수 있었다. 멋진 홈런이 있으니까요, 사람들이 제일 좋아하는 종목이니까요, 야구는 인생을 닮았다고들 하잖아요.

마음에 들지 않았다. 멋진 홈런은 너무 뻔했고, 사람들 운운은 무책임했고, 마지막 경구는 해설자들의 구호였지 내 머리에서 만들어져 나온 것이 아니었다. 시간에 쫓긴 나는 제일 바보 같은 답을 불쑥 내뱉고 말았다. 재미있잖아요.

선생은 뭔가 마뜩하지 않은 표정을 지었다. 그래서 물었다. 선생님은 왜 좋아하시는데요?

선생은 잠깐 고민하고는 이렇게 대답했다. 텍사스히트 때문이야.

텍사스히트는 빗맞은 공이 내야와 외야 사이 아무도 잡을 수 없는 곳에 떨어지는 것을 말한다. 선생은 야구를 말하면서 실은 인생을 논하고 있었다. 서울대생다운 절묘한 은유에 속이 끓었다. 텍사스히트를 알고 있었으면서도 말하지 못한 내게 화가 났다. 나는 선생에게 잘 보이고 싶었다. 좋은 인상을 남기고 싶었다. 선생을 이기고 싶었다. 그러나 경기는 이미 끝났다. 관중들은 자리를 빠져나갔고 조명탑의 불도 꺼졌다. 내가 할 수 있는 건 빙긋 웃으며 고개를 끄덕이는 가식적인 행동 말고는 아무것도 없었다.

친구와 야구장에 간 적이 있다. 일요일 낮 경기였다. 둘 다 야구를 무척 좋아했고 응원하는 팀도 같았다. 경기가 시작되기 전 우리는 야구 이야기를 나누었다. 기억은 잘 나지 않지만 대단한 이야기는 아니었을 것이다. 우리 둘은 쉬는 시간에 연식 정구공으로 야구 놀이를 즐기던 중학생들일 뿐이었으니까. 그러던 중 징크스라는 단어가 튀어나왔다. 친구는 자신이 야구장에 오는 날이면 응원하는 팀이 꼭 진다는 말을 아무렇지도 않게 내뱉었다. 화가 조금 났지만 꾹 참았다. 사실 나도 비슷한 생각을 하고 있기는 했다. 그것을 입으로 소리 내어 말하면 현실이 될까 봐 아무 말 하지 않고 있었을 뿐. 경기가 시작되었다. 아니나 다를까 경기는 우리가 원하는 방향과는 정반대로 흘러갔다. 얼굴을 잔뜩 찡그리며 운동장을 보고 있는데 친구가 말했다. 가자. 나는 무슨 뜻인지 몰라 다시 물었다. 어딜? 어디긴 어디야, 집으로 가야지.

아직 8회 초였다. 두 번의 공격이 더 남아 있다는 뜻이었다. 나는 야구 경기를 보다가 중간에 그만두는 것을 죄악으로 여기는 사람이었다. 그런데 가자니. 날 좋아하는 친구와 다툼을 벌이고 싶지는 않았다. 나는 가방을 챙겨서 자리에서 일어났다. 집으로 돌아온 후에야 경기가 역전

일보 직전까지 갔었다는 사실을 알았다. 야구장에 남아 힘을 보태지 못한 게 미안했다. 그래서 친구의 이름을 입에 담았다. 진한 욕과 함께.

중학교 졸업 후 나는 그 친구를 한 번 더 만났다. 고등학교 삼 학년 때의 일로 기억한다. 여러 가지 일로 크게 지친 나는 문득 그 친구를 떠올렸다. 버스를 타고 무작정 그 친구의 집으로 갔다. 친구는 반갑다며 나를 안으로 들였지만 표정은 다른 말을 하고 있었다. 당혹스럽네. 나도 눈치가 아예 없는 사람은 아니었기에 짧은 이야기를 나누고 곧바로 작별 인사를 했다. 친구는 나를 잡지 않았다. 다시 버스를 타고 집으로 돌아오며 생각했다. 어쩌면 내가 한 욕 때문일지도 몰라. 비논리적인 결론이었으나 그때만큼은 꼭 완벽한 정답처럼 느껴졌다.

내가 다니던 회사엔 프로야구팀이 있었다. 게다가 회사는 야구장 근처였다. 그래서 나는 야구장을 자주 찾았다. 회사에서도 나의 야구 관람을 적극적으로 지지해 주었다. 무슨 뜻인가 하면 가끔씩 공짜 표가 나왔다는 뜻이다. 회사가 몰랐던 사실 하나, 나에겐 이미 응원하는 팀이 있었다는 것. 회사도 중요했지만 핏줄을 배반할 수는 없는 일이었다. 나는 3루 원정 팀 좌석에 앉아 홈 팀을 응원했다. 대놓고 소리를 높일 수는 없었기에 숨죽여 응원했다. 그중 한 경기는 지금도 내 머릿속에 선명하게 남아 있다. 9회초까지 두 점을 뒤지고 있는 나의 팀(그렇다. 나의 팀이 아니고 뭐란 말인가!)은 만루홈런 한 방으로 경기를 끝냈다. 내 눈으로 본 최초의 만루홈런이었다. 그때만큼은 소리를 지르지 않을 수 없었다. 사람들의 눈총을 느꼈지만 개의치 않았다. 이유는 단 하나, 역전만루홈런이었으니까.

야구에 대한 소설을 쓰기 시작한 건 아마도 그 즈음부터였을 것이다. 야구는 나의 삶의 중심이었다. 단순히 야구를 보고 기사를 읽는 것만으로는 만족을 느낄 수가 없었다. 야구를 하는 방법도 있겠지만 아무리 낙관적인 나라도 그것이 올바른 길이 아님은 알았다. 그래서 소설을 쓰고 또 쓰는 길을 택한 것이다. 다른 식으로 설명할 수도 있다. 어쩌면 야구를 쓰는 행위는 선생의 질문에 대한 뒤늦은 답변을 찾기 위해서일 수도 있겠다. 혹은 가깝던 친구와 헤어지는 것을 넘어서 남남 지경에 이르게 된 진짜 이유를 알고 싶어서였을 수도 있겠다. 이유가 어찌 되었건 내가 야구에 깊이 몰두하는 동안 회사는 나를 못마땅한 시선으로 응시했다. 어느 날인가는 야구 배트로 내 옆구리를 툭툭 치며 묻기도 했다. 이봐, 여기는 야구장이 아니라 회사야. 머릿속에 일 말고 다른 것은 넣지 말라고.

회사가 진지하게 충고하면 들어야 한다는 사실을 나는 잘 알고 있었다. 고개를 끄덕이고 야구를 지웠다. 아니 지우려고 했다. 잘 되지 않았다. 지우려고 하면 할수록 야구는 저항했고 급기야는 전두엽 안쪽으로 숨어 들어가서 나의 두터운 손으로는 도무지 꺼낼 수 없는 상황에 이르렀다. 회사는 그렇다면, 하는 말을 마지막으로 입을 닫고는 더 이상 충고를 건네지 않았다. 나는 그 의미를 알고 있었다. 걷어차이기 전에 내 발로 회사를 걸어 나왔다. 햇빛은 밝았고 마음은 어두웠다. 그럴 만도 했다. 회사와 야구를 바꾼 셈이었으니. 참으로 어리석은 결정이었다.

회사를 그만둔 이후로 나는 야구에 대한 소설을 더 이상 쓰지 못했다. 어처구니없는 일이었다. 야구를 생각하다 회사를 그만두었는데 막상 자유로워지니 글을 못 쓰게 된 것이다. 그 절망의 시기에 내 등을 두드리며 위로한 이가 있었다. 무라카미 하루키는 이렇게 말했다.(혹은 썼다.)

어느 봄날 오후, 진구 야구장에 야쿠르트 대 히로시마 팀의 대항전을 보러 갔었다. 외야석에 눕다시피 앉아 맥주를 마시고 있는데 힐튼이 2루타를 쳤고, 그때 갑자기 '맞아, 소설을 쓰는 거야' 하고 생각했다고 말이다.

그 야구 시합에, 그 2루타에 어떤 특별한 점이 있었느냐고 묻는 것은 당연할 터. 그 사람은 그런 건 없었다고 한다. 그것은 그저 계기에 지나지 않았다고 한다. 그러면서 이렇게 답한다.

내게 필요했던 것은 자기라는 실체를 확립하기 위한 시간과 경험이었던 거야.

'자기라는 실체, 시간과 경험', 그 사람은 능력자였다. 성령聖靈처럼 내 마음을 정확히 읽은 후 내게 필요한 위로의 한마디를 일용할 양식처럼 휙 던져 준 것이다. 나는 먹이를 몇 년에 걸쳐 천천히 씹어 먹었다. 그리 힘든 일은 아니었다. '자기라는 실체'는 금강석처럼 단단했고, 견디고 체험해야 할 '시간과 경험'은 무한에 가깝도록 많았으니까. 그래서 어떻게 되었느냐고 묻는다면 나는 이렇게밖에 말할 수 없다. 나는 드디어 자판에 손을 얹었었다고. 긍정적 해석과 부정적 해석 모두 가능하다. 손을 얹었으니 쓰기만 하면 된다고 생각할 수도 있고, 자판이 스스로 글을 쓰는 건 아니지 않느냐고 지극히 합당한 반문을 할 수도 있다. 굳이 내 대답을 묻는다면 이렇게 말하겠다. 어쩌면 내가 좋아하고 쓰고 싶어 한 건 사실 야구는 아닐 수도 있다고.

23. 출발

시 : 「통영」 백석

노래 : 「춘천 가는 기차」 김현철

토마스 만의 대표작 『베니스의 죽음』의 주인공 구스타프 아셴바하는 어느 봄날 오후 집에서 꽤 먼 곳까지 산책을 즐겼다. 전차 정류장 근처에서 낯선 남자를 만난 아셴바하는 문득 '내면이 확장되는 기이한 기분을 느꼈다.' 정처 없는 마음의 동요, 혹은 미지의 세계에 대한 목마른 갈망과 비슷한 기분은 점차 커졌고, 마침내 어떤 풍경을 떠올리게 만들었다.

풍성한 처녀림에서 기름진 대지를 뚫고 나와 과감히 꽃을 피운 식물들 사이로 잎이 무성한 종려나무 가지가 여기저기 솟아 있는 게 보였다…… 접시만 한 크기의 하얀 우윳빛 꽃들이 떠다니는 사이로는 날갯죽지가 치솟아 오른 낯선 새들이 못생긴 주둥이를 한 채 얕은 물 가운데 서서 꼼짝도 않고 곁눈질을 해 댔다. 대나무 숲의 마디가 많은 대나무 사이에서는 호랑이가 눈에 불꽃 같은 빛을 내며 웅크리고 앉아 있는 모습이 보였다.

해설에 따르면 낯선 남자는 나그네의 신 헤르메스다. 써지지 않는 글과 씨름하면서 하루를 보냈던 아셴바하가 미지의 세계로 여행을 떠나고 싶은 욕구를 강하게 느꼈던 이유이다. 떠나자, 아셴바하는 결심한다. 여행을 떠나기로. '호랑이가 있는 머나먼 곳까지는 아니더라도. 침대차에서 하룻밤을 보내고, 멋진 남국의 어느 평범한 휴양지에서 서너 주 동안 하루에 한 시간씩 낮잠을 즐기면서 지낸다면……'

우리는 그 평범한 휴양지가 베니스였음을, 그 베니스에서 벌어진 일은 하루에 한 시간씩 낮잠을 자는 휴식과는 거리가 멀었음을 잘 알고 있다. 노벨 문학상 수상자 토마스 만이 다소 복잡하고 미학적인 방법으로 여행을 떠나자, 라고 외치는데 비해 무라카미 하루키는 명확하고 직설적이다.

나는 어느 날 문득 긴 여행을 하고 싶어졌던 것이다. 그것은 여행을 떠날 이유로는 이상적인 것이었다고 생각된다. 간단하면서도 충분한 설득력이 있다. 그리고 어떤 일도 일반화하지는 않았다. 어느 날 아침 눈을 뜨고 귀를 기울여 들어보니 어디선가 멀리서 북소리가 들려왔다. 아득히 먼 곳에서, 아득히 먼 시간 속에서 그 북소리는 들려왔다. 아주 가냘프게. 그리고 그 소리를 듣고 있는 동안, 나는 왠지 긴 여행을 떠나야만 할 것 같은 생각이 들었다.

북소리에 이끌린 무라카미 하루키는 3년 동안 로마, 미노스섬 등 유럽 곳곳에 살았다. 엄청난 비용이 들었으리라. 하지만 유럽에서 쓴 소설들(『노르웨이의 숲』, 『댄스, 댄스, 댄스』)이 일본에서만 수백만 부가 팔렸으니 그럭저럭(?)

본전은 찾았을 것이다.

떠나자, 외치며 시작한 여행 한 번으로 많은 것을 체험하고 얻은 두 작가의 사례를 따라 당장 베니스로, 로마로, 미노스 섬으로 떠나고 싶지만 아쉽게도 우리는 그럴 수 없다. 그러니 다른 방법을 찾을 수밖에. 그렇다면 마들렌 과자 체험은 어떻겠는가? 세계에서 가장 유명한 디저트 시식 장면이다.

나는 마들렌 조각이 녹아 든 홍차 한 숟가락을 기계적으로 입술로 가져갔다. 그런데 과자 조각이 섞인 홍차 한 모금이 내 입천장에 닿는 순간, 나는 깜짝 놀라 내 몸속에서 뭔가 특별한 일이 일어나고 있다는 사실에 주목했다. 이유를 알 수 없는 어떤 감미로운 기쁨이 나를 사로잡으며 고립시켰다 …… 도대체 이 강렬한 기쁨은 어디서 온 것일까?

이름은 들어 보았어도 끝까지 읽은 사람을 찾기란 하늘의 별 따기인 마르셀 프루스트의 소설 『잃어버린 시간을 찾아서』에서 가장 유명한 장면이다. 정답을 바로 말하자면 기쁨은 추억에서 온 것이다. 지금껏 잊은 줄만 알았던 추억은 마법처럼 되살아나 화자의 몸을 듬뿍 적신다. 수

백 번 음미해도 좋을 아름다운 문장들이라 인용하지 않을 도리가 없다.

일본 사람들의 놀이에서처럼 물을 가득 담은 도자기 그릇에 작은 종잇조각들을 적시면, 그때까지 형체가 없던 종이들이 물속에 잠기자마자 곧 펴지고 뒤틀리고 채색되고 구별되면서 꽃이 되고, 집이 되고, 단단하고 알아볼 수 있는 사람이 되는 것처럼, 이제 우리 집 정원의 모든 꽃들과 스완 씨 정원의 꽃들이, 비본 냇가의 수련과 선량한 마을 사람들이, 그들의 작은 집들과 성당이, 온 콩브레와 근방이, 마을과 정원이, 이 모든 것이 형태와 견고함을 갖추며 내 찻잔에서 솟아 나왔다.

마들렌 과자 하나로도 떠날 수 있다면 떠날 수 있는 방법은 많고도 많을 것이다. 이를테면 밤하늘 보기 같은. 송나라 작가 예사는 암스트롱보다 먼저 바람을 타고 달나라 여행을 한 사람이다(예사가 부러워서 그의 글을 자기 책에 옮겨 적은 이는 관직에서 쫓겨나 은둔 생활을 하던 허균이다). 청풍명월의 세계를 경험한 예사는 그렇지 못한 이들에게 이렇게 말한다.

맑은 바람과 밝은 달을 즐길 줄 아는 사람은 세상에 몇 사람 되지 않고 많은 바람과 밝은 달도 1년 동안에 또한 몇 날도 되지 않는다. 가령 어떤 사람이 이 즐거움을 안다 할지라도 세속 일에 골몰하여 정신을 빼앗기거나 혹은 장애로 인해 비록 그를 즐기려 해도 즐기지 못하는 자가 있다…… 청풍명월을 보고서도 즐길 줄을 모른다면, 이는 자기 스스로 장애를 만들어 낸 것이다.

쉽게 떠날 수 있는 여행으로는 책 읽기만 한 것이 없다. 그런데 오르한 파묵의 글을 읽으면 책 읽기가 우리 생각만큼 만만하고 밋밋한 경험은 절대 아니라는 사실을 알게 된다.

어느 날 한 권의 책을 읽었다. 그리고 나의 인생은 송두리째 바뀌었다. 첫 장에서부터 느껴진 책의 힘이 어찌나 강렬했던지, 내 몸이 앉아 있던 책상과 의자에서 멀리 떨어져 나가는 듯한 느낌을 받았을 정도였다…… 내가 읽고 있던 책장들로부터 내 얼굴로 빛이 뿜어져 나오는 것 같은, 그러한 강력한 힘 때문이었다. 그 빛은 나의 이성을 무디게 만드는 동시에 환하게 비춰 주고 있었다. 나는 이 빛 안에서 다시 태어날 수도 있었다. 혹은 그 안에서 길을 잃을 수도 있었다.

그러나 내가 여행의 최고수로 치는 이는 혜초와 신광하다. 큰비가 세상을 씻어 내자 신광하는 문득 일어나 금강산으로 떠났다. '본래 자태'가 드러난 깨끗한 금강산을 보기 위해서. 하지만 그날은 바로 과거 시험이 있는 날이었다. 그 또한 수험생이었을 신광하는 어떻게 했을까?

신광하가 동해로 떠나는 때는 바로 나라 안의 자격을 갖춘 선비들이 과거 보는 그날이다. 이는 또 선인仙人과 범인凡人이 다른 길을 가는 갈림길이다.

어쩌면 내가 잘못 설명했을 수도 있겠다. 신광하는 금강산으로 떠난 게 아니었다. 범인이 가는 넓고 평탄한 길 대신 선인의 좁고 험한 길로 떠난 것이었으므로. 떠나자는 말 한마디도 없이 선인의 길로 가 버린 신광하는 과연 여행의 대가라 할 만하다. 혜초 또한 마찬가지다. 명성에 비해 우리가 알고 있는 지식은 쥐꼬리만큼인, 혜초의 목숨을 건 구도 여행에 대해 힌트를 주는 글이 하나 있다. 최치원의 글이다.

무릇 길이란 멀다고 사람이 못 가는 법이 없고, 사람에게는 이국異國이 따로 없다. 그래서 신라 사람들은 승려이건 유학자이건 반드시 서쪽으로 대양을 건너서 몇 겹의 통역을 거쳐 말을 통하면서 공부하러 간다.

첫 문장이 꼭 혜초라는 사람에 대해 알려 주는 것 같다. 길이 멀다고 사람이 못 가는 법은 없다. 그렇다면 우리도 떠날 일이다. 여행을 떠나야 하겠지만, 선인의 길로 떠나야 하겠지만, 대양을 건너야 하겠지만, 우선은 달이 휘영청 떠오른 밤에 마들렌 과자 하나 앞에 놓고 책을 펼쳐 읽기로 하자. 그렇다면 당연히 그 책은 『왕오천축국전』이 되어야 하리라. 그가 목격하고 적어 놓은 장면이 오늘날의 광경 같은 느낌이 드는 건 나만의 착각일까?

한 달 만에 구시나국에 이르렀다. 부처님이 열반에 드신 곳이나, 성은 이미 황폐화되어 아무도 살지 않는다. 부처님이 열반하신 곳에 탑을 세웠는데 한 선사가 그곳을 깨끗이 청소하고 있다. 해마다 팔월 초파일이 되면 남승과 여승, 도인과 속인들이 그곳에 모여 크게 공양 행사를 치르곤 한다. 탑 상공에는 깃발이 휘날리는데, 하도 많아 그 수를 이루

다 헤아릴 수가 없다. 뭇사람들이 함께 그것을 우러러보니,
이날을 맞아 보리심을 일으키는 자가 한둘이 아니다.

24. 윤회매

시 : 「옥탑방」 함민복

노래 : 「도시인」 넥스트

윤회매 열한 송이를 팔아 동전 스무 닢을 얻었습니다. 형수님께 열 닢, 아내에게 세 닢, 딸에게 한 닢, 형님 방과 내 방 땔감 비용으로 각 두 닢, 담뱃값으로 한 닢을 쓰고 나니 딱 한 닢이 남았습니다. 보내 드리니 받아 주시길!

박지원이 이덕무에게 보낸 편지다. 정확한 이해를 위해서는 편지에 얽힌 사연을 알아야 한다. 윤회매는 밀랍으로 만든 가짜 매화를 말한다. 윤회매를 만들고 이름을 붙인 사람은 이덕무였다. 꽃 감상에 관심이 많았던 이덕무는 밀랍을 주재료로 사철 즐길 수 있는 매화를 만들었다. 인공 재료를 이용해 진짜 꽃처럼 보이게 만드는 작업이 쉽지는 않았을 것이다. 이덕무는 복숭아나무를 꺾어 가지를 만들고, 밀랍을 끓여 꽃을 만들고, 노루 털로 꽃술을 만들고, 대나무 가지에 여러 재료를 섞은 가루를 묻혀 꽃술에 발랐다. 예술에 관심이 많은 선비, 시간이 무한정 넘쳐나는 백수에 가까운 선비 아니고서는 애당초 시도할 수 없는 까다로운 일이었다. 그런데 뜻밖에도 이 작업에 박지원이 흥미를 보였다. 희미한 등불 아래에서 나이 먹은 두 남자가 머리를 맞대고 윤회매를 만드는 장면을 상상해 보기 바란다. 두 사람은 만드는 내내 웃음을 참기 어려웠을 것이다. 더 흥미로운 것은 그다음이다. 박지원은 자신이 만든 윤회매를 상인에게 팔아 스무 닢을 받았다. 이덕무는 예술로 만족했지만, 박지원은 대가를 얻었다. 인용한 편지를 보면 박지원이 그 스무 닢을 어떻게 썼는지 알 수 있다. 식구들에게 두루 생색을 내고, 기호품도 구입하고,

남은 돈은 - 말 그대로 달랑 한 닢 - 원작자인 이덕무에게 보냈다. 그렇다면 이덕무는 이 돈을 어떻게 썼을까?

마침 우리 집 문에 구멍이 뻥 뚫린 참이었다. 종이는 있었으나 풀이 없었다. 한 닢으로 풀을 사서 발랐다. 올겨울 귀도 시리지 않고 손도 얼어 터지지 않은 것은 다 박지원 선생 덕분입니다.

여기까지만 읽으면 윤회매를 함께 만든 후 웃고 떠드는 한 편의 농담 같은 이야기처럼 보인다. 하지만 이덕무는 특이한 주석을 달았다.

박지원 선생은 벽이 있는 데다가 가난한 사람이다. 혹 일부 사람들은 이렇게 비난할지 모르겠다. "선비가 어찌 벽에 심취하는가? 비록 가난하다고 해도 어찌 예술품을 판매한단 말인가?"

벽은 요즈음 말로 치면 오타쿠다. 남들이 신경 쓰지 않는 사소한 취미에 지나치게 몰두한다는 뜻이다. 더 눈여겨보아야 할 건 그다음 문장으로, 박지원이 예술품을 판매해서 이득을 챙긴 것에 대한 주위의 시선이 그리 곱지 않았음을 알 수 있다. 일단 스무 닢이 어느 정도의 가치인지를 살펴봐야겠다. 연구에 따르면 스무 닢은 그 당시 박지원 가족의 하루 생활비에도 못 미친다고 한다. 요즈음으로 치면 일당 오만 원 정도? 그러니까 이득을 챙기고 말고를 말한 정도의 돈은 아니었던 것. 다른 말로 하면 순수한 예술 활동에 대한 소소한 격려 수준이었던 것. 하지만 좀 떨떠름한 부분이 있다. 박지원은 윤회매를 완성한 후 골동품 전문가 서상수에게 편지를 보내 시장에서 대략 어느 정도를 받을 수 있는지 넌지시 물어보았다. 다시 말하면 박지원은 돈 버는 일에 진심이었다. 이유는 단 하나, 하루, 또 하루 먹고사는 일도 쉽지 않았으니까. 그 당시 박지원은 무능한 가장에 대한 가족들의 말 없는 핀잔을 모른 척 외면하고 사는 참이었다. 겉으로는 평화로워 보여도 속은 끓었다. 오죽하면 이슬을 먹고 사는 매미와 흙을 먹고 사는 지렁이를 부러워했겠는가? 박지원의 마음을 그 누구보다 잘 아는 이덕무는 그래서 이렇게 변호한다.

가난은 굶주림이다. 돈을 벌어 구제하려는 것이 무슨 잘못인가? 고민하고 한숨만 쉬는 게 더 나쁜 것 아닌가?

거금도 아닌 고작 돈 스무 닢 번 것 가지고 이렇듯 수많
은 변명이 오가는 것이 좀 이해가 안 될 수도 있겠다. 하
지만 조선은 고상한 선비 예술가가 - 이덕무와 박지원은
오늘날 기준으로는 예술가에 가깝다 - 돈을 버는 것을
용납하지 않는 사회였다. 견리사의, 이익을 보면 의리를
먼저 생각하라는 맹자 시대의 원칙을 목숨보다 중요하게
여겼던 사회였다. 말은 좋으나 문제가 있다. 그럼 가난한
예술가는 이상만 추구하다가 굶어 죽어야 옳은가?

성리학과는 무관했던 서양의 경우는 조선과는 딴판이었
다. 남미 현대 문학을 대표하는 작가 로베르토 볼라뇨가
쓴 『참을 수 없는 가우초』에 따르면 그는 맨손으로 도착
한 바르셀로나에서 접시닦이, 쓰레기 청소원, 접수원, 부
두 노동자, 야간 경비원 등을 하며 살았다. 볼라뇨는 큰
병에 걸리지 않았으니 운이 좋았다며 스페인 시절을 회고
했지만 이어지는 문장들을 보면 그렇지도 않다.

**헨젤과 그레텔의 빵 조각처럼 이가 빠졌고 제대로 먹지 못
해 위산과다에 시달리다 결국 위염에 걸렸고 지나친 독서로
안경을 써야 했으며 정처 없이 오래도록 돌아다닌 덕분에**

발에 티눈이 생겼고 감기를 달고 살았지만 제대로 낫지도 않았지요. 나는 가난해서 지붕도 없이 살았습니다.

볼라뇨는 자존심으로 버텼다. '엄청나게 책을 읽었지만 성공한 작가가 되고 싶지는 않다'고 생각했다. 하지만 견디는 데에는 한계가 있기 마련이다. 볼라뇨는 결국 돈을 위해 각종 공모전에 응모한다. 이 과정에서 동료 작가 센시니를 알게 된다. 센시니는 볼라뇨에게 공모전 정보를 공유하자는 제안을 하고는 당선되는 비법까지 알려 준다.

그는 되도록 많은 공모전에 참여하라고 충고했다. 하지만 조심해야 할 부분도 있다고 덧붙였다. 예컨대, 하나의 단편으로 비슷한 시기에 수상작이 결정되는 세 개의 공모전에 응모하려면 각기 제목을 바꿔서 보내라는 것이었다…… 물론 동일한 사람이 두 개 이상의 공모전에서 심사 위원을 맡게 될 위험이 도사리고 있었다…… 그렇더라도 사실상 문제될 것은 없다고 귀띔했다. 그 사람들은 응모작을 읽지 않기가 일쑤이고, 대강 읽거나 반쯤 읽다가 만다는 것이었다.

볼라뇨는 몇 개의 공모전에 당선되어 생계를 유지했지만,

금전적으로 성공한 작가를 혐오했던 볼라뇨의 자존심은 무척이나 상했을 것이다.

볼라뇨의 삶에서는 그래도 일말의 서정성이 느껴지지만, 잭 런던의 경우는 아예 날것에 가깝다. 어려서부터 농장 일을 했고, 신문을 팔았고, 해적 일을 했고, 광산과 공장과 세탁소에서 육체의 한계를 시험하는 노동을 하며 살았던 잭 런던은 단지 수입이 더 낫다는 이유 하나만으로 작가를 꿈꾸게 된다.

작품을 팔아 25달러를 받은 것에 자극된 런던은 일자리에서 돌아오면 밤을 새워 작품을 썼고, 그 작품들을 신문과 잡지에 보냈다. 그러다 보니 하루 18시간 넘게 일해야만 했다. 얼마 되지 않는 저축은 작품들을 우송하는 우편료로 쓰였다. 그러나 모든 노력은 허사였다. 아무 데서도 답장은 오지 않았다.

훗날 잭 런던이 약육강식의 원칙, 즉 진화론의 가장 단순한 형태에 경도되었던 이유를 알 수 있다. 잭 런던은 오직 힘 있는 자만이 살아갈 가치가 있다고 여겼다. 그렇다면 작가이기 이전에 '일하는 짐승'이었던 잭 런던은 자신의 작품들을 어떻게 생각했을까?

잭 런던은 성공을 거둔 뒤에도 자신의 작품 대부분을 증오했다. 단지 돈이 필요했기에, 글을 쓰는 것이 돈을 버는 가장 쉬운 길이었기에 쓴 작품들이라는 이유에서였다.

예술과 노동에 관한 생각이 하늘과 땅처럼 다른 작가 몇몇을 살펴보았다. 이들을 하나로 묶어 다룬 이유는 단 하나, 그들 모두 작가였기 때문이다. 먹고사는 어려움에 대처한 방식은 달랐어도 그들 모두 별처럼 아름다운 글을 남긴 작가였기 때문이다. 하늘의 별로 남은 네 명의 작가들을 생각하며 나는, 우리는 어떻게 살아야 할지를 고민한다. 끝없이 밀려드는 거친 바다나 황무지 같은 어려움을 도대체 어떻게 이겨 내고 삶을 예술로 만들 수 있는지 끊임없이 고민한다. '별이 빛나는 창공을 보고…… 지도를 읽을 수 있던 행복한 시대, 별빛이 그 길을 훤히 밝혀 주던 시대'가 다시 오기는 어려울 것이다. 하루하루를 버티듯 사는 우리가 하늘의 별로 남기란 참으로 쉽지 않을 일이다. 그렇다면 어떻게 해야 하나? 예술로 완결되는 삶을 포기해야만 하나? 그럴 수는 없는 일, 그러므로 우리는 또다시 오래되었으나 여전히 새로운 체 게바라에게 매달릴 수밖에는 없다.

우리 모두 현실주의자가 되자. 그러나 가슴속에는 불가능한 꿈을 꾸자.

25. 불면

시 : 「아리오스토와 아랍인」 호르헤 루이스 보르헤스

노래 : 「꿈」 산울림

노벨문학상을 받은 일본의 대 작가 오에 겐자부로는 어
린 시절 불면증에 시달렸다. '짧은 인생 뒤에 존재할 죽
은 후의 견딜 수 없는 시간의 길이'에 대한 공포가 원인이
었다고 한다. 소년치고는 이유가 심오하다. 더 심오한 건
불면증을 극복한 방식이었다. 할머니와 어머니가 들려준

이야기를 떠올리거나 바꾸어 가면서 밤의 괴물과 맞서 싸웠다.

한밤중이 되면 언제나 나는 도움을 청하면서 그 이야기들에 다가갔다. 어둠 속에서 구원받기 위해 열심히 상상한 그 이야기들은, 내가 지금까지 이룩해 온 문학 작업의 모든 원형으로 숨어 들었는지도 모른다.

불면증을 재료 삼아 작가가 된 사례는 또 있다. 조선의 대 작가 박지원이다. 호걸 이미지와는 달리 무척 예민한 소년이었던 박지원은 십 대 후반 불면증으로 고생했다. 몇 년간 앓던 불면증을 한 번에 해결해 준 이가 있었으니 바로 민옹이었다.

민옹은 기이한 선비로서 가곡을 잘 부르고 이야기를 잘하는데, 말이 거침없고 기묘하여 듣는 사람치고 속이 후련해하지 않는 사람이 없다고 한다.

요즘 식으로 말하면 이야기 치료사인 셈이다. 효과는 탁월했다. 불면증을 없애 준 것은 물론이었고, 박지원조차

도 깨닫지 못했던 재능을 발견하게 해 주었으니까. 약간의 설명이 필요하겠다. 민옹은 박지원이 21세 되던 해에 세상을 떠났고 그 소식을 들은 박지원은 추모의 글을 쓴다. 우리에게 「민옹전」으로 알려진 작품이다. 이 작품에는 훗날 박지원을 유명하게 만든 풍자와 비판, 자기반성의 요소들이 모두 들어 있다. 박지원의 이야기 본능을 깨운 건 민옹이었다, 그러나 불과 21세의 나이에 완벽에 가까운 작품을 만들어 낸 건 역시 이야기 천재 박지원의 타고난 능력 때문일 것이다.

잠과 관련된 이야기를 하다 보니 자연스럽게 하품이 나면서 꿈이라는 단어가 떠오른다. 이야기의 천재들에게 꿈은 보석 광산이나 마찬가지다. 꿈을 예술로 승화시킨 사례를 살펴보자. 프란츠 카프카와 호르헤 루이스 보르헤스의 사례다.

소파에서 두 무릎을 앞으로 당겨 누워 있다가 몸을 일으켜 앉았다. 계단에서 바로 내 방으로 연결되는 문이 열리더니 얼굴을 숙인 한 젊은이가 탐색하는 시선으로 안으로 들어섰다…… 그는 살아 있는 사람이었다. 미소 띤 얼굴로 그는 나를 올려다보았고, 근심이라곤 없이 태평하게 고개를 끄덕이면서 "얼마든지 검사해 보세요"라고 말했다.

장소는 인문대학 건물, 우리는 간부를 선출하고 있었다. 시위대 또는 악대의 왁자지껄한 소리에 화들짝 놀랐다. 어느 목소리가 지하에서 외쳤다. "저기 그들이 온다. 신, 신들이!" 너더댓의 사람들이 군중들의 틈바구니를 빠져나오더니 단상 위에 섰다. 몇 세기 동안의 망명 생활 끝에 돌아온 신들이었다…… 우리는 우리의 육중한 권총들을 끄집어 냈고 (우리는 그 꿈에서 돌연 권총을 가지고 있었고) 즐겁게 신들을 쏘아 죽였다.

꿈이라기보다는 하나의 완성된 작품에 가깝다. 카프카의 글에 등장하는 기괴한 불안, 보르헤스의 전매특허 중 하나인 통렬한 뒤집기를 문맥에서 느끼지 못하는 이는 없으리라.

이야기의 천재들이 쓴 작품을 읽는 것은 언제나 즐겁다. 그러나 한편으로는 괴로운 일이기도 하다. 왜? 불면증, 꿈과 같은 일반적인 재료로도 엄청난 작품을 만들어 내는 그들과 '나'의 차이를 실감하지 않을 수 없으니까. 나도 꿈을 꾸는데, 나도 잠을 못 이룬 적이 있는데, 내게도 하고 픈 이야기가 있는데 말이다. 조선 시대를 살았던 무명 작 가(에 가까운) 유만주가 뱉어낸 탄식은 그래서 나의 심금 을 울린다.

박지원 선생과 나 사이의 영묘하고 아둔한 차이가 이렇게 현격하다. 그 간격이 어찌 열 겹에 그칠 뿐이겠는가?

탄식 한 번에 이야기꾼이 되고픈 소망이 사라진다면 좋겠 지만 현실은 그렇지도 않다. 이야기를 쓰고픈 욕망은 그 어떤 치료로도 사라지지 않는 암세포와 마찬가지라고 나 는 생각한다. 치료가 어렵다면 함께 살아야겠다. 다행히 도 천재가 아닌 이들이 사용할 만한 방법은 몇 가지 있다. 첫 번째 방법은 숨은 이야기를 찾아다니는 것이다. 유만 주가 알려 주는 방법이다.

세상에서 가장 마음 시원한 일이 무엇인지 묻는다면 이렇 게 답할 것이다. 세상의 이야기를 물어보고 찾아다니는 것 이라고. 아예 변장하고 다닐까? 무뢰배도 좋고, 거지도 좋 고, 장사꾼도 좋고, 탁발승도 좋고, 이방인이 되어도 좋다.

내가 물어보고 찾아다니려는 이야기들은 과거에 없던 것이리라. 그 이야기들을 적어 책을 만들면, 세상에서 이보다 더 신기한 책은 없을 것이다.

변장하고 멀리 떠나는 일이 꺼려진다면 일상에서 실천할 만한 방법도 있다. 떠오르는 이야기를 모조리 잡아내는 것이다. 전자는 제발트가 기록한 로베르트 발저의 방식이며 후자는 조희룡이 기록한 이단전의 방식이다.

발저는 문학을 완전히 등졌음에도 여전히 조끼 호주머니 속에 몽당연필 한 개와 별도로 잘라 낸 메모지들을 늘 넣어 가지고 다니면서 이런저런 것들을 자주 적어 넣곤 했다고 이야기했다.

그는 항상 주머니 하나를 차고 다녔는데 크기가 한 말들이만 했다. 다른 사람이 지은 좋은 시구를 얻으면 문득 주머니 속으로 던져 넣었다.

마지막으로 소개할 방법은 거짓말이다. 마르코폴로는(실제의 마르코폴로가 아니라 이탈리 칼비노 소설의 주인공인) 방문했던 도시들 이야기를 들려 달라는 쿠빌라이 칸의 요청에 성실하게 응한다. 하지만 실은 다 거짓말이다. 대표적인 도시 이야기 두 가지만 인용한다.

오랜 시간 말을 타고 황무지를 달린 사람은 도시를 갈망합니다…… 이시도라는 꿈에 나타난 도시 중 하나입니다. 한 가지 차이가 있습니다. 꿈속의 도시에서 그는 젊은이였습니다. 그러나 그는 이시도라에 노년이 되어 도착합니다…… 욕망은 이미 추억이 되었습니다.

에우사피아처럼 삶을 즐기고 걱정을 피하는 도시는 없습니다. 너무 갑작스레 삶에서 죽음으로 옮겨 가지 않도록 주민들은 지하에 자신들의 도시와 똑같은 도시를 건설했습니다. 누런 살가죽으로 덮인 해골만 남게 건조된 시체들은 지하로 옮겨져 그곳에서 예전에 했던 일을 하게 됩니다.

제국의 지배자 쿠빌라이 칸이 마르코폴로의 거짓말을 눈치채지 못했을 리 없다. 하지만 쿠빌라이 칸은 모르는 척 고개만 끄덕인다. 그 모습에 살짝 찔렸을까, 마르코폴로는 느닷없이 지옥을 벗어날 수 있는 방법을 이야기한다.

첫 번째 방법은 많은 사람들이 쉽게 할 수 있습니다……
지옥의 일부분이 되는 것입니다. 두 번째 방법은 위험하고
주의를 기울이며 계속 배워 나가야 하는 것입니다. 즉 지옥
의 한가운데서 지옥 속에 살지 않는 사람과 지옥이 아닌 것
을 찾아내려 하고 그것을 구별해 내어 지속시키고 그것들에
게 공간을 부여하는 것입니다.

나는 지옥을 세상으로 슬쩍 바꿔 읽는다. 나는 거짓말에
기댈 수밖에 없었던 이야기꾼 마르코폴로의 마음을 읽으
며 평범한 이야기꾼이 세상을 살아가는 올바른 방식에
대해 생각해 본다…… 뭐, 그렇다는 이야기다.

26. 섬

시 : 「섬」 정현종

노래 : 「수풀을 헤치며」 안치환

연암 박지원은 마음이 따뜻한 사람과는 거리가 멀었다. 상대를 배려하는 일에는 익숙하지 않았고, 농담과 유희로 일단은 좌중을 휘어잡고 보는 스타일이었다. 그랬기에 적도 많았고, 외로움도 깊이 느꼈을 것이다. 그러므로 활기 찼던 중국 여행의 절정에서 문득 찾아온 우수 어린 감상은 뜻밖이라고 보기는 어렵다.

나는 유리창 안에 홀로 서 있다. 내가 입은 옷과 갓은 천하 사람들이 모르는 것이고, 내 수염과 눈썹은 천하 사람들이 처음 보는 것이고, 반남 박씨는 천하 사람들이 처음 들어보는 성일 것이다.

그렇다면 마음이 따뜻한 사람이란 어떤 사람인가? 제일 먼저 떠오르는 이름은 상진이다. 영의정까지 역임한 상진은 유재석 못지않은 선행 부자다. 넘치는 일화 중 하나를 소개한다.

상진이 일반 관리로 있을 때의 일이다. 무과 응시자들이 앞을 다투어 찾아와서 신원 보증을 요구하자 모두 허락해 주었다. 심지어는 집에 찾아가지도 않고 상진의 서명을 위조해 온 자들도 있었다. 필적이 다른 것을 확인한 고시관이 상진에게 편지를 보내 사정을 물었다. 상진의 답장은 이랬다. '취중에도 쓰고, 졸면서도 쓰고, 누워서도 썼으니 필적이 다른 것이다.'
사람들이 그 도량의 크기에 탄복했다. 훗날 상진의 벼슬이

영의정에 이르렀다. 점 보는 이가 말하길 음덕의 도움 때문이라고 했다.

법을 집행하는 자의 시각으로 보면 상진의 행동은 잘못되었다. 잘 알지도 못하는 사람의 신원을 보증하는 것은 물론이고, 위조범들까지 너그러이 감싸 주었으니 말이다. 신원 보증의 취지에 어긋나도 한참 어긋난다. 인간성의 측면에서 보자면 상진의 행동은 만점, 아니 그 이상이다. 어차피 신원 보증이라는 건 넘치는 응시자들을 걸러 내기 위한 폭력적인 장치, 오랜 세월 과거를 준비해 온 이들이 신원 보증의 벽을 넘어서지 못해 좌절하는 모습을 상진은 볼 수 없었다. 그랬기에 관리로서의 체통도 버리고 서명을 남발하고 위조를 묵인했다.

기왕 상진을 불러온 김에 일화 하나를 더 살펴보기로 한다. 앞의 일화에 비하면 조금은 무겁다. 그렇기에 상진의 됨됨이를 더 잘 알 수 있는 일화이기도 하고.

영의정 상진이 외아들을 잃고 울면서 말했다. "내 일찍이 남을 해칠 마음을 갖지 않았다. 다만 평안감사 시절, 백성에게 파리 잡는 일과를 부과했고, 그래서 시장에서 파리를 파는 이들까지 있었다. 이것이 그 잘못에 대한 앙갚음인가?"

외아들을 잃은 그 참담한 상황 속에서도 자신의 잘못을 먼저 돌아본 이가 상진이다. 파리의 목숨을 우습게 여겼기에 외아들을 잃었다고 믿는 이가 상진이다. 마음이 따뜻하다는 말은 그의 인품에는 오히려 부족하다.

인용한 상진의 일화는 이익이 쓴 성호사설에서 가져왔다. 그렇다면 기록자인 이익은 어떤 사람인가?

사람들은 병아리에게 남은 밥을 던져 주면 똥이 막혀서 죽는다고들 한다. 실은 그렇지 않다. 밥을 주면 매끄러운 똥이 꽁무니 밑 보드라운 털에 뭉치고, 많이 뭉치면 똥구멍이 막혀서 죽게 되는 것이다. 나는 남은 밥알을 자주 주되, 부지런히 살피고 보호해 준다. 똥구멍이 막힌 놈의 보드라운 털을 가위로 잘라 주면 똥이 바로 나오는 바, 이렇게 조치해 주면 병아리는 별 어려움 없이 잘 자란다.

이 일화 하나만으로도 이익이 어떤 사람인지 알 수 있으리라. 병아리 똥구멍 사정까지 알뜰하게 살펴보는 이의 마음이 따뜻하지 않으면 도대체 어떤 사람의 마음이 따뜻하겠는가? 이 일화가 예외적인 사건이 아니라는 건 성호사설을 조금만 뒤적거려 보면 금방 알 수 있다. 다음과 같은 글은 또 어떠한가?

옛날에 원 아무개는 자녀들에게 다음과 같이 훈계했다고 한다. "자기 일에 부지런하고 남의 일에 게으른 것은 인지상정이다. 노비는 젊어서부터 늙을 때까지 매일 하는 일이 모두가 남의 일이니 어찌 일마다 마음을 극진히 쏟을 수 있겠느냐? 너그럽게 용서하고 노여워하지 말라." 이는 진정 훌륭한 말이다…… 노비가 마른 밥을 씹는 것은 항상 굶어서 체하지 않기 때문이고, 빨리 잠을 자는 것은 피로가 심하기 때문이고, 옷을 뒤바꿔 입는 것은 몸을 꾸밀 여가가 없기 때문이니, 이런 것을 미루어 본다면 가련하지 않은 점이 없다.

설명이 필요 없는 아름다운 글이다. 민생을 입에 달고 살면서도 정작 민생이 무엇인지는 전혀 모르는, 아니 실은 관심도 없는 일부 정치가들의 수준과는 달라도 너무 다르다. 이익 또한 아들을 먼저 보냈다는 가슴 아픈 사실을 여기서 밝힌다.

고난을 겪었음에도 오히려 남을 먼저 생각하는 상진의 마음도, 이익의 마음도 참 따뜻하지만, 이 글을 쓰려고 작정했을 때부터 머릿속에서 떠나지 않는 사람이 있다. 그 사람의 이름은 바로 조수삼이다.

조수삼은 무려 여섯 번이나 중국에 다녀왔다. 조수삼이 마지막으로 중국에 갔을 때의 일이다. 전에 가깝게 지내면서 도움을 받았던 중국인의 아들을 우연히 만났다. 행색이 말이 아니었다. 가문이 풍비박산이 나고 떠돌이 신세가 된 지 벌써 몇 년이 되었다는 답이 돌아왔다. 사람들이 안타깝다는 듯 쯧쯧 소리를 냈다. 다들 돌아서려는데 그 순간 조수삼은 자신이 가져온 돈을 모두 그에게 건넸다.

지켜보던 이가 한마디 했다. "당신 나이 이제 칠십이오. 앞으로 중국에 올 일이 없는데 다시 볼 수도 없는 중국인, 그것도 쓸모도 없는 중국인에게 돈을 모두 건네다니 제정신이오?"

조수삼은 그저 빙긋 웃었다. 사람들은 세상 물정에 어두운 노인네가 정신도 나갔다고 수군거렸다. 하지만 조수삼을 아는 벗들은 그 이야기를 듣고 이렇게 말했다. "경원 노인(조수삼)이 경원 노인 했네!"

처세의 관점에서 보자면 조수삼은 빵점이다. 도무지 앞뒤가 맞지 않는다. 애초에 중국인들을 사귀었던 것은 우정보다는 실용이 목적이었다. 조수삼은 역관이었기에 질 높은 정보를 제공할 이들이 필요했다. 이제 조수삼은 칠십이 되었고 역관 생활은 끝이 났다. 그러니 중국인들과의 인연은 깔끔하게 정리하는 것이 옳을 터. 실리에 민감한 중국인들이 아무 대가 없이 정보를 제공했을 리도 없다. 요컨대 서로가 필요해 이루어진 관계였던 것. 하지만 조수삼은 마지막 순간에 이성적인 결정을 배반했다. 인정에 굴복해 자신이 가져온 돈을 모두 건네고 말았다. 그에게서 아무런 도움도 받을 수 없음에도 불구하고. 동료 역관들과 조수삼을 아는 이들의 반응이 완전히 다르다는 사실이 참 흥미롭다.

어쩌면 뻔할 수도 있는 일화를 줄줄이 늘어놓은 이유가 있다. 요즈음 내 머릿속에서 '마음이 따뜻한 사람'이라는 말이 떠나지 않아서이다. 지금보다 더 나은 세상이 성큼 다가오지 않는 건, 다가오기는커녕 뒤로 물러나고 있는 건 마음이 따뜻한 사람의 숫자가 현저히 줄어들었기 때문이라는 느낌이 들기 때문이다. 그리고, 나 또한 마음이 따뜻한 사람은 아니었고, 앞으로도 그럴 리는 없다는 자괴감과 예감에서 벗어날 수 없기 때문이다. 사람과 사람 '사이'의 섬을 줄곧 외면하고 살아왔다는 느낌이 들기 때문이다.

박지원으로 시작했으니 박지원으로 끝을 맺는 것이 좋겠다. 따뜻한 마음과는 거리가 참 멀었던 박지원은 놀랍게도 사람과 사람 사이의 섬에 대해서는 누구보다도 잘 아는 이이기도 했다. 박지원을 도무지 미워할 수가 없다.

어제 당신께서는 정자 위에서 난간을 배회하셨고, 저 역시 다리 곁에 말을 세우고는 차마 떠나지 못했으니, 서로간의 거리가 아마 한 마장쯤 됐을 겁니다. 모르긴 해도 우리가 서로 바라본 곳은 당신과 제가 있던 그 사이 어디쯤이 아닐까 합니다.

※이 도서는 2024년 문화체육관광부의 '중소출판시 도약부문 제작 지원' 사업
 의 지원을 받아 제작되었습니다.

시노애락

초판 1쇄	2024년 11월 25일
글쓴이	설흔
펴낸곳	도서출판 단비
펴낸이	김준연
기획, 편집	김준연, 최유정
디자인	김선미
출판등록	2003년 3월 24일(제2012-000149호)
주소	경기도 고양시 일산서구 고양대로 724-17, 304동 2503호
	(일산동, 산들마을)
전화	02-322-0268
팩스	02-322-0271
전자우편	rainwelcome@hanmail.net

ISBN 979-11-6350-127-5 03100
책값 12,000원